保護者のてびき②

ズバリ解決 お助けハンドブック

～学習編～

日本学習図書
代表取締役社長
後藤耕一朗

まえがき

本書をお買い上げいただき、ありがとうございます。

さて、本書を手に取られたということは、少なからず、何か悩みを持っている、ということですよね。

当然です。小学校受験において、ベテランの保護者というのは、いらっしゃいませんから。そして私は、悩むことを肯定したいと思います。悩み、考え、答えを見つけていくことが、成長の糧となるのですから。

◇　◇　◇

保護者の方の悩みの多くは、お子さまをほかのお子さまと比較することでの不満や、お子さまが保護者の方の思った通りにならないことへの苛立ち、受験までの日数に対しての焦りなどです。

よく考えてみれば、保護者の方の悩みは、お子さまご自身ではなく、周囲の環境についてのことなのです。せっかくですから、周囲ではなく、お子さまに目を向けてあげてください。

「子は親の鏡」という言葉は、イギリスのドロシー・ロー・ノルト博士の書かれた、詩のタイトルです。この詩は、親が育てたように子どもが育つ、ということが書かれており、私も講演や研修などの折に触れて紹介しています。そしてこの言葉は、保護者の方のお悩みについても、よく当てはまります。保護者の方のお悩みのほとんどは、お子さまへの悩み、という形をとりつつも、実は保護者の方ご自身の悩みであることが、ほとんどですから。

◇　◇　◇

本書では、さまざまな機会に保護者の方から寄せられたお悩みに回答する形で、お子さまに目を向けられるよう、アドバイスを執筆しました。学習中と受験直前には、同じ悩みでも、違うアドバイスが有効なので、二通りのアドバイスを併記しています。

本書では、保護者の方のお悩みのうち、主に学習面でのものをとりあげ「学習編」としてまとめました。続編として「生活編」に続きますので、こちらもぜひお読みください。

◇　◇　◇

『ズバリ解決！　お助けハンドブック 学習編』『ズバリ解決！　お助けハンドブック 生活編』は、弊社の「保護者のてびき」シリーズの二冊目・三冊目の書籍です。ご興味をお持ちの方は、シリーズ①『子どもの「できない」は親のせい？』も、ぜひお読みください。

読者の方々とお子さまにとって、小学校受験という機会が、楽しく、そしてワクワクしたものになれば、筆者として望外の喜びです。

二〇二〇年五月二一日

日本学習図書
代表取締役社長　後藤耕一朗

保護者のてびき②

ズバリ解決！　お助けハンドブック　学習編

第１章

学習態度 編

数多く寄せられる相談の中でも、入試時期が近づくにつれて増えるのが、学習に関するものです。相談の多くが焦りによって生じるもので、ほかのお子さまと比較して「うちの子はできない」「もっとできるはずなのに」というように思われている方が多いようです。

でも、学習を始めた頃を思い出してください。お子さまと二人三脚で取り組み始めた小学校受験。当初はお子さまのペースでいっしょに歩まれたのではないでしょうか。その二人三脚のペアは、今でも終わっていないはずです。保護者の方もペースダウンして、もう一度、お子さまのスピードに合わせてみませんか。そこには成長したお子さまの姿があるはずです。

焦る気持ちもわかります。しかし、焦るばかりでは効果は得られませんし、かえって事態を悪化させることもあります。「何か特効薬はありませんか？」おっしゃる方もいらっしゃいますが、学習に特効薬はありません。保護者の方の焦りからくる苛立ちが、お子さまの学習意欲を削いでしまうことを考えると、そのイライラを取り除くことが、一番の策です。もちろん、イライラは「取り除いてください」と言って、すぐに収まるものではありません。そういう時は、五分間だけ、イライラを我慢するよう心がけてください。焦りながらの五分も、ゆったりした五分も、同じ時間です。そう考えて、まずは目の前の五分を充実させる方法を探りましょう。そして、素敵な五分を積み重ねていけば、保護者の方の前からも、お子さまの前からも、焦りやイライラは消えていきます。

この項目には、お寄せいただいたお悩みのうち、学習の態度についてのアドバイスを書かせていただきました。そのままご活用いただいても、お子さまの状況によってアレンジされても構いません。お子さまの学習が、お子さまにとって最良の時間となるよう、工夫してください。

Q1「勉強が嫌い！」とはっきり言います。
Q2 模試の成績は悪くありませんが、
成長もあまり感じられません。

毎日のアドバイス

原因を探して解決しようとすると、時間がかかってしまうでしょう。原因が、学習そのものではなく、学習のせいで遊べないことなのか、学習をする中で傷つくことがあったのかはわかりません。しかし、保護者の方ご自身も、お子さまと同じように、ゆとりがなく、大切なことを見失っているのではありませんか。そんな時は、お子さまも保護者の方も、机に向かって学習することから少し離れ、気分転換をしてください。

そんな暇はない、とお考えになるかもしれませんが、机に向かう学習の形をとらなくても、買いものの時などに、理科や常識、数量（買った数や、比較など）や公衆道徳などを学べるチャンスはたくさんあります。楽しいひと時を過ごしてお子さまも保護者の方も気分転換するのはいかがでしょうか。何より小学校受験の学習は、生活すべてが学習なのです。

気持ちを切り替えたら、家庭学習の様子を振り返ってみましょう。学習がマンネリ化して、効果が上がらないことが、勉強嫌いの原因になっていないでしょうか。学習の進め方、お子さまに対する声のかけ方を振り返ってみてください。

思い当たる節があれば、すぐに軌道修正してください。驚くほどの効果を感じられるでしょう。塾などでの学習が原因と考えられるのであれば、日頃から信頼されている先生にご相談されるとよいでしょう。

受験前のアドバイス

入試直前になると、塾や家庭環境から受けるプレッシャーが原因で、勉強嫌いになることもあります。この時期は、周囲の方が、プレッシャーを与えないように気遣っても、保護者の方の焦りや、合格してほしいという思いは、にじみ出てきます。感受性の強いお子さまは、その雰囲気を敏感に感じ取るのでしょう。

受験直前の時期に、遊びも勉強も両方したい、というお子さまは少ないのではないでしょうか。受験前になって「勉強が嫌い」と明らかに保護者の方を困らせるような言葉を言うのは、お子さまではなく、取り巻く環境に問題があると考えた方がよいでしょう。

受験前だからといって、特別な手立てがあるわけではありません。家族で出かけて気分を一新するのも一案です。また、一日に一回はお子さまにゆとりを感じさせるよう、保護者の方もお子さまと楽しく遊んであげてください。

そしてこの時期に大切なのは、お子さまへの言葉がけです。例えば、「勉強することは大変だし、嫌だよね。でも、今までよくがんばってやってきたね。がんばり屋さんだね。私はあなたのようにできるかなあ」と、このような言葉をかけて、今までがんばったことを認め、褒めて前向きな気持ちにさせるのも、よい方法ではないでしょうか。

A1・2 お子さまといっしょに心身をリフレッシュしましょう

Q3　家でペーパーテストの学習をするのを嫌がります
Q4　子どもがあまりペーパー問題が好きではないんです
Q5　自分のしたいことを優先させて、
　　結局ペーパーテストの学習をしません

毎日のアドバイス

家庭学習を進める上で、保護者の方の熱心さと焦りがお子さまに向けられることで、お子さまに苦痛を与えているのでしょう。ペーパーの学習を楽しくできる工夫が必要です。まず、お子さまと実行可能な学習計画を立ててみましょう。絵空事にならない計画、楽しくやれる工夫をこらした計画を立ててください。ペーパーの正解を確認する時は、数量や図形の問題を具体物を利用して確かめる、また理科や常識などは図鑑などで、外に出て調べられることは「調査」と称して実物を見て調べるなど、学習を楽しくする工夫はたくさんあります。

そんなことをやっていたのでは試験に間に合わない、と思われるかもしれませんが、お子さまにこれ以上の、拒否反応を抱かせないことが大事です。「急がば回れ」の言葉通りです。学習に対する「いやいや病」が、小学校へ入学してから発症しては困ります。時期を逃さず「お勉強は楽しいね」と言える雰囲気に戻しましょう。重要なのは、保護者の方の優しさとユーモア、穏やかな雰囲気、そして思考の転換です。

受験前のアドバイス

試験前だからこそ、なぜ嫌なのかを、保護者の方がお子さまの立場になって考えてください。毎日怒りすぎてはいませんか？　どんな子どもでも、連日、怒られていたのでは、嫌気がさしてしまいます。多くの場合、怒らなくなることで悩みのほとんどは改善されまず。受験直前は、塾もご家庭も受験一色で、お子さまも保護者の方も、気の休まる時や場所がないかと思います。ここであなたがお子さまの立場になって考えるのは、決してお子さまを甘やかすことではありません。入試直前は、保護者の心のゆとりの有無がお子さまにも大きく影響します。保護者の方は、まずこのことを理解してください。お子さまの、できないことに目を向けるのではなく、できたこと、がんばったことに目を向けるようにしてください。保護者の発想の転換がポイントです。

　また、学力が伸びていないことが原因であれば、いっそのこと学習をストップしてみましょう。完全に学習をやめるのではなく、具体物や体験を通して学習するよう方法を変えます。このとき、お子さまには、「学習する」という言葉は使わずに、「遊ぶ」と言い換えます。それだけでも、学習から解放された、という思いがお子さまには生まれます。小学校の入学試験の多くでは、体験や遊びを通して培ってきた力を観る内容が多く含まれています。まずは机上での学習をやめ、心のリフレッシュを図った後、再スタートするようにしましょう。最初は簡単な問題から始めてください。難易度を下げた分、正答率は上がると思いますが、その際「できたね」と表現するだけではなく「できるじゃないの！　これはできないと思ったのよ」というように、驚きを交えて表現します。これは、お子さまをいい意味で「調子に乗せる」ためです。調子に乗ると、お子さまの学力は思わぬ伸び方をします。うっかりミスをなくすよう心がけるのは、その次のテーマです。

A3・4・5
思考の転換をはかりましょう

Q6　勉強することが嫌いになっていくのが心配です

毎日のアドバイス

「勉強が嫌いになっていく」を、文字通り解釈すれば相当深刻な話ですが、ほとんどの場合は一過性の現象です。勉強方法を再検討するとともに、保護者ご自身がお子さまに対応する心構えと態度を再考して改めることで解決します。よく「小学校受験は親の試験である」と言われますが、ご自身が試験を受けている、という緊張感をほどき、できるだけ早く気を取り直して、お子さまに対する態度を朗らかなものに変えてください。お子さまも、そんなあなたに対応して、すぐ「回れ右」をして、勉強をする気になるでしょう。もう一度お子さまに対応するご自身の姿を、心の鏡に写してみてはいかがでしょう。きっとよい結果が得られると確信しています。

受験前のアドバイス

アンケート調査などによると、お子さまが試験の直前に学習が嫌いになる原因は、①保護者の方が怒りすぎる、②勉強の進め方がわからない、など、受験にプレッシャーを感じていることによるものが多いようです。試験を受けるお子さまにやる気を起こさせないと、合格を勝ち取るのは当然難しくなります。また、お子さまが苦手意識を持ったまま無理矢理勉強を続けさせると、チック症や神経性障害を引き起こす可能性もあります。早期に原因を探ってください。多くの場合は、保護者に愛情を求めていることに起因しており、愛情が満たされた実感があると、落ち着きをみせます。

A6

まずは保護者の方の緊張を解き、お子さまを愛情で包んであげましょう

Q7　一〇〇点を取りたい気持ちが強く、間違うと気分が落ち込みます

Q8　「一〇〇点を取らなくてもいいのよ」と言っても、その言葉が耳に入らないんです

Q9　テストの点数にはこだわらなくていい、と思いながらも、焦ってしまいます

毎日のアドバイス

どなたか、よくできるお子さまをお持ちの保護者の方と、成績などの話をされたことはありませんか。その話をお子さまに聞かれたのかも知れません。それを聞いて、お子さまの頭の中では、「一〇〇点以外の点数は、点数ではない」という感覚が生まれたのではないでしょうか。もし、そうであれば「一〇〇点を取らなくてもいいのよ」と、

いくらお話されても、耳を傾けることはないでしょう。

お子さまが納得するには、例えば、「どんなにできるお友だちでも、勘違いをしたり、体の具合が悪かったりして、一〇〇点を取れないことだって何回もあるのよ」「あなたは、そんな時でもがんばっているね」と、見方を変えて話してください。

一〇〇点はペーパーの点数だけではありません。お子さまの考えや行動などに、一〇〇点をあげてもよいことがあると思います。どんなことでも結構です。それを取り上げてお子さまに伝えましょう。「あなたはどんな時でも〇〇（例：お手伝い）はいつもよくできて一〇〇点満点よ、お勉強で一〇〇点を取るよりも大変なことなのに、すばらしいね、これは、とても大事なことなのよ」と他の面で一〇〇点の価値があることをしっかり褒め、それが大事なことだということをわからせてください。

「興味・好奇心を持つこと」「感性が豊かなこと」「躾が身に付いていること」「きれいな言葉で話ができること」「運動がよくできること」「健康であること」「他人も自分も大切にできる優しさを持っていること」「手伝いをしっかりしていること」「決められたお約束を毎日がんばっていること」など、ペーパーテストで一〇〇点取る以上に大事なことがたくさんあるはずです。このことを、しっかりとわかりやすくお話してください。

また、テストの一〇〇点は、体調や精神状態などが影響して、いつでも取れるものではない、ということもお子さまに納得させてください。

受験前のアドバイス

さまざまな試みをされても、あまり変わらず、いつも「一〇〇点志向」を持っている、ということを前提に述べてみます。

当然、このような気持ちで試験に臨むのは、よいことではありません。一番困るのは試験本番の最初にあるペーパーの段階で「あの問題はできなかった」と落ち込んでしまうことです。これは、他の試験にも悪影響を与えますので、この考え方を改めるための対策を、早急に考える必要があります。

試験が近づいて来た時点から、難しい問題は避け、お子さまの能力で一〇〇点を取れそうな基礎基本の問題に取り組み、自信を付けさせてください。また、点数が出ない工作や運動、指示行動などの分野の問題を演習し、自信を失わないようにしましょう。

さらに、できたら褒める、取り組んだことを否定したり、文句を言ったりしないことを心がけましょう。どうしても教えなければならないことは「ここをこうしたら先生もビックリするよ」というような、前向きなアドバイスに変えて伝えましょう。特に、満点を取らなくても合格できる、ということについては、やさしい言葉で根気よく説明して理解させてください。

大事なことは、保護者の方が焦る姿や、イライラする姿をお子さまの前では表さないようにすることです。

A7・8・9

お子さまの、勉強以外のことに一〇〇点をあげましょう

Q10　一つの問題が気になり、次の問題に移っても前のことを引きずってしまいます
Q11　次のことへの切り替えができず、だらだらします

毎日のアドバイス

前問の解答を間違えたのではないか、あるいは題意がわからなくて納得がいかない、などと、前の問題のことを引きずっているのではありませんか？　心に引っかかりがあるために、次の新しい問題に集中できないのでしょう。お子さまはきっと切り替えが苦手なタイプです。この性格を、いけないと決めつけることはできません。言い換えれば、一つのことをじっくり考えられるタイプでもあるからです。ここでは、このような性格を矯正しようとせず、次のことに切り替えるためのヒントをお教えします。

前問が終わり、次の問題を解く切り替えができないでいる時は、次の出題を声に出

して復唱させましょう。そして、その問題の趣旨を答えさせてください。次の問題を考えれば、前の問題については、頭の中から立ち去っていきます。こうしたことを根気よく繰り返せば、頭の切り替えも、少しずつできていくでしょう。工夫を凝らし、お子さまに合う方法を見つけてください。

受験前のアドバイス

ふだんからこうした傾向があって改善の努力をしたけれど、思ったほど改善されない、という場合と、入試直前にこうした傾向が見えてきた、という場合の二通りのケースがあると思います。問題に手も足も出なかったことや、自分の解答の正否が不明で不安が残ったことなどの思いを引きずってしまうのかもしれません。そういった傾向が見られる時には、それが、どのジャンルの、どのような問題だったのかを思い出させてください。

そして、どこが引っかかったのかを聞き出し、納得するまで指導していきましょう。先に進まない焦りも感じられると思いますが、この問題を解決して改善しなければ、同じことの繰り返しになります。引っかかった問題は、内容をよく納得した上で、類題を数問解けば、その後は引きずることなく進んでいけます。

苦手なものがあれば、それを克服するために、基本問題からやり直して進むことです。苦手意識が払拭され、満足できれば引きずることが少なくなっていくでしょう。自信がないからこそ問題が理解できず、それを引きずってしまうこともありますので、自信を付けさせてください。

A10・11

切り替えられない原因を取り除きましょう

Q12　自分でできるし、やろうとしますが、作業が遅いです

毎日のアドバイス

問題に向かう気持ちがあるのはすばらしいことです。遅くなるのは、慎重に取り組んだ結果ではないでしょうか。また、自分のスタイルがあって、それを押し通していることや、どうすれば能率よくやれるのかを、まだつかめていない、ということも考えられます。

もし、自分のスタイルがあって、それを通しているのであれば、切り替えるのがなかなか難しいかもしれません。無理して変えようとすると、他へ影響が出る可能性もあります。時間を計り、保護者の方が同じことをして時間を早めるなど、自分のスタイル以外の方法があることを知るのもよいでしょう。保護者の方と競争すれば、時間を意識することも覚えられます。

受験前のアドバイス

類似問題を、時間を計りながら何度も繰り返し解いてみましょう。時間が短縮された時には、どんなことを考えて、どのような方法で解いたのか、お子さまとごいっしょに検証してください。勉強しようとする前向きな気持ちは、たとえ時間がかかってもすばらしいことです。むしろ、この時期には「速くしなさい、どうして遅いの?」といった、とがめる言葉は使用しないでください。お子さまは一所懸命に取り組んでいるはずです。まずは、そのことを認めましょう。保護者の方から認められることは、お子さまにとって何にも勝るごほうびです。

A12

時間を意識させましょう。
ただし、お子さまをとがめてはいけません

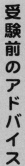

Q13　急ぐあまり不注意に進んでしまいます

毎日のアドバイス

はじめから競争意識を持たせると、速く答えを出して競争に勝ちたいという気持ちが、ケアレスミスを起こす要因になる可能性があります。速く解くことも大切ですが、間違えたのでは全く意味がないことを知る必要があります。性格にもよりますが、こういった傾向のお子さまは、細かいことが不得手で、集中する時間も短いものと思われます。お子さまの好きなことを、心を落ち着けて、数十分集中して行うことから始めてみましょう。好きなことに集中できると、学習にも集中できるようになります。

学習では、まず数量の数の比較の問題を、時間を気にせず基礎基本からやり直してみましょう。数えることは、ほかの問題を解くのにも必要な、根気と記憶力を養うからです。整列したものを数えるのと、ランダムに配置されたものを数えるのとでは、かかる時間も違います。例えば、トランプの3から13までのカードをバラバラに置き、数の多い順番に並べてみましょう。上手くできたら、次にバラバラに置いたカードを、数の小さい順番に並べてみます。結果はどうでしたか？　お子さまが途中で飽きるようであれば、保護者の方も同じことに挑戦してください。このとき保護者の方は、わざとお子さまより速く解答して、しかも答えを間違えます。お子さまに、速くできればよいのではなく、正しく数えることの方が大事である、ということを悟らせるためです。そして、答えが間違っていたとしても、根気よく数えたことを、褒めてください。

受験前のアドバイス

直前になってもこのような状態だというのでは、お子さまの性格以外にも原因があります。その原因を探すことが先決です。そして、急いで間違えるよりも、自分のできることをがんばって努力するほうがいい、と話してください。おそらくお子さまは、人よりも速く解くことの方がよく、そうすれば褒められる、という気持ちが強いのではないでしょうか。そうでなければ、面倒くさいという気持ちが先行しているのかもしれません。早く解答することも大事ですが、間違えてしまったのでは、せっかくの努力は評価されません。少し遅くても、集中して正答することの方が大事である、ということをわからせてください。「面倒なことをできる子は強くて我慢強く、賢い子になれる。あなたにも、がんばって本物の強い子になってほしい」と、以前よりも強く、我慢強くなってきたことを褒めながらさせてみましょう。

例えば、マメを同じ数ずつ七つのお皿に入れさせてみてはいかがでしょう。七という数は、お子さまが数えられる範囲の、一の位の数です。これ以上の数は避けます。全部正確にできた時は、正解一覧表を作っておき、お子さまに○を書かせます。家族が揃った時に、すばらしいと結果を公表してください。このようにして、根気の必要な作業を行い、粘り強さ、正確さを植え付けていく方法もあります。楽しみながら力を付ける方法を、家の中で探してください。

A13 競争意識を持たせすぎずに、集中して物事にあたる練習をしましょう

Q14 作業が雑になってきています

毎日のアドバイス

一過性のことでしょう。保護者の方にとっては、心配なことと思います。きっと何か理由があるのでしょう。勉強が嫌になってきたのかもしれません。こういった際は、学習の量を最低限にして、お子さまと一息ついてください。そしてお子さまと保護者の方の二人だけの秘密を作ってみましょう。この秘密は、ベランダでおにぎりを食べる、といった他愛もないことで構いません。お子さまにすれば胸がワクワクすることです。お子さまにとってそのワクワク感は、より一層保護者の方に親しみや愛情、信頼といった気持ちを抱かせるはずです。これは「お勉強いやいや」解消に、かなりの効き目があります。

受験前のアドバイス

受験勉強のストレスから雑になっているのでしょう。保護者の方が、こんな魔法をかけてください。「今日のおやつに魔法をかけると、まあるい、まあるい、あなたの大好きなドーナツが出てきます。これはあなたがお勉強を一所懸命やったごほうびです。そして、ていねいにすることをお約束すると、もう一つ魔法をかけてあげます。今日お勉強が終わったら、いっしょに遊ぶ券を差し上げましょう。でもお約束を破るともう魔法は効かなくなります」。一見すると、お子さまを煙に巻いてしまうようですが、以前のようなていねいさを取り戻すには、怒ってみてもプラスにはなりません。興味をそそることを言って、やる気を起こさせることが効果的です。

A14

お子さまといっしょに、ストレス解消に努めましょう

Q15 ペーパーの枚数をこなすことを、すごいことだと勘違いしています

毎日のアドバイス

お子さまはきっと、過去にペーパーテストをたくさんこなして褒められ、うれしかった経験が心に焼き付いているのでしょう。そして、深く考えることなく、枚数をこなすことに目標を置いているのかもしれません。

問題集をお子さま一人で解かせるのではなく、保護者の方が必ず側に付いて、いっしょに学習を行ってください。その日のノルマを決め、○の書き方、線の引き方、問題の解き方を観察して、指導してください。そうすれば、本人が勘違いしてしまう、といったこともなくなるでしょう。

受験前のアドバイス

問題をよく考えないために起こる間違いが多いのであれば、もう一度基礎基本からやり直すべきです。早とちりは、問題をお子さま一人で解かせている時に起こります。問題を解く時は、保護者の方がいっしょに進めてください。家庭ではペーパー問題の難易度をバラバラにし、ジャンルにこだわらず、一問ごとに時間を計りましょう。時間が余った時は、見直しをする習慣を付けることで誤りも見つかるでしょう。テストでは「はい、やめてください」と言われるまで、粘る習慣を付けましょう。また、問題をしっかり聞かないために早とちりをするお子さまもいます。そうしたケースでは、時間を空けて再挑戦させましょう。結果が同じであるかどうかで、対処を考えます。

A15

お子さまの学習は、必ず保護者の方といっしょに行いましょう

Q16 独り言を言いながら（しゃべりながら）問題を解いています

毎日のアドバイス

入試の時に同じことをすれば注意を受けますから、これは早い時期に直さなければいけません。「声に出さないで、心の中でつぶやいてごらん。そうすればほかのお友だちに迷惑がかからないよ。声に出して言うと、ほかのお友だちが集中できなくなるので、とても迷惑をかけることになるんだよ」と、理由をしっかり言い聞かせてください。お子さまも、一度で言うことを聞くことはないでしょう。でも、声を出しながら問題を解いている時は、その都度「心の中で言ってね」と優しく注意してください。お子さまにとっては、おそらく、声を出して問題を読むことが、集中し、確認する一つの手段なので、それを変えることは、お子さまにとって抵抗があるかもしれません。これは、何度も注意することで克服するしかありません。また、問題を解答するまでの時間は速い方でしょうか。遅い方でしょうか。もし、遅いのであれば、数量や図形などの具体物を使って解ける問題には具体物を使って解説し、繰り返し解けば、つぶやきが少なくなり、解答時間も短くなるでしょう。

受験前のアドバイス

直前の時期でも対処法は変わりません。その都度注意をして必ず直させましょう。ただし、きつい言い方はせず、ソフトな言葉と口調で注意してください。「(つぶやきが)大分少なくなったね、この前よりよくなってきたよ。その調子でいこうね」などと褒めてあげてください。保護者の方が神経質になると、その反動でつぶやきがよけいに激しくなったり、チック症が出たりします。

A16

繰り返し言って直します。
ただし神経質になりすぎてはいけません

Q17 集中できる時とできない時の差が激しいのが気がかりです

毎日のアドバイス

お子さまにも、自分の意志ではどうにもならないことがあります。怒ってはだめ、とわかっていても、保護者の方が怒ってしまうのと同じです。今日はだめでも明日はできる、ということはあるはずです。あまり神経質にならず「今日は調子が悪いね、この問題とはバイバイね」と言って、ほかの問題に進んでいきましょう。

人間ですから、ムラがあって当然です。お子さまの様子を見て、意欲がなくなってきて、集中力が切れてきたようだったら、学習は打ち切り、時間を空けてからもう一度やり直した方がよいでしょう。また、お子さまの勉強に対する集中力が、日によってあまりに差があるようなら、お子さまの状態を見ながら学習時間を考える、長時間はしない、できない時は雰囲気を変える、などの環境作りに気を配ってください。

受験前のアドバイス

特に受験前には、お子さまはこういった状況になりがちです。こういった時は、体を使う制作や、運動などをしてみましょう。それでもだめなら、思いきって二人で楽しく遊びましょう。集中できない時に無理に学習したところで、よい結果は望めません。学習を再開する時は、引っかかった問題から始めるのではなく、別のできそうな問題から始めて、できる自信を持たせることが大切です。

A17

ムラがあって当然です。集中できないときに無理をさせてはいけません

Q18　受験近くになって集中力や注意力がなくなり、ペーパー問題が嫌いになってしまいました

受験前のアドバイス

勉強が嫌になるのには原因があるはずです。一度、勉強を離れて保護者の方と思いきり遊んでみましょう。受験のことを忘れて、身体がクタクタになるまで楽しんでください。そのうち、お子さまの方からお勉強はしなくてもよいのか、という言葉や仕草が出てくると思います。そうしたら、すぐに取りかかるのではなく「もう少し遊んだらしようね」と、少し時間を空けてから取りかかりましょう。

ふだんからお子さまの気持ちにゆとりがなく、受験勉強一辺倒の生活に疲れているのが原因か、保護者の方の雰囲気に対する反抗なのか、ケースはさまざまでしょうが、保護者の方は、思い当たることを考えてみてください。それを踏まえた上で、お子さまのちょっとしたことを褒めるなど、保護者の方が笑顔でゆとりを持って対応するこ

とです。きっと上手くいくことでしょう。

A18
受験のことを忘れて
クタクタになるまで遊んでみてはいかがでしょう

Q19 ラストスパートで、少し勉強が嫌になってきたようです

受験前のアドバイス

お子さまは、今までさまざまなことを我慢してがんばってきた疲れが出て、勉強が嫌いになっているのでしょう。

完全に勉強が手に付かなくなる前に、精神的そして肉体的な疲れを取っていきましょう。保護者の方は、もう少しだからがんばってほしい、と思っていることでしょう。しかし、その状態で試験に臨んでは、実力を出しきれないことも多々あります。黙々とペーパーの問題をやるのではなく、ゲーム感覚で勉強をしていく、という気分転換もあります。具体物を使う図形、数量、推理や、折り紙を使った展開や回転の問題、ジャンケンゲームや数のやりとり、言語の復唱や逆唱など、できることは数多くあります。これらの問題は机に向かう必要がありませんから、試験へのプレッシャーを軽

くする効果もあります。

試験までは、精神的にリフレッシュできる方法を、家族で考えましょう。楽しい日々を送りながら、無理のない範囲でおさらいをしておけばよいでしょう。「この期に及んでじたばたしない」という言葉もあります。お子さまだけでなく、保護者の方もリフレッシュしてくださいね。

A19

黙々とペーパーをこなすことだけが勉強ではありません

Q20　本人が、まだ受験というものを理解できていません

毎日のアドバイス

小学校受験では、最初から受験することを意識させてスタートする方法と、意識させず徐々に理解させていく方法があります。どちらもメリット、デメリットがありますので、保護者の方がお子さまの性格を考えながら進めた方がよいでしょう。しかし、いくら意識させたとしても、お子さまにとっては「なぜ受験するのか」の本来の意味を理解するというより、敷かれたレールに乗って走っている、という感覚が普通だと思います。無理に理解させてストレスを与えるよりは、楽しく学んで、学力を伸ばすことをおすすめします。デリケートなお子さまであれば「今まで一所懸命にやってきた○○（お子さまの名前）を、△△小学校の先生に観てもらおうね。いろいろなお友だちもできるよ」と話をすればよいでしょう。チャンスがあれば、お子さまといっしょに、学校見学などにもお出かけください。お子さまに、具体的なイメージがわきます。

はじめから話をして意識させるのも一つの考え方です。「□□小学校に入れたら楽しい学校生活が送れるんだよ。入れるようにがんばろうね」と言い聞かせ、学習をさせるのです。また、その時には、近所や幼稚園のお友だちみんなが受験するのではない、ということも教えておく必要があります。「みんなが遊んでいるのに、自分だけどうして遊べないの」と言う質問が必ず出てくるからです。入学するには「お勉強しないと入れない」ことをきちんと納得させることが必要ですが、中途半端な説明では、お子さまに不満を持たせてしまいます。

受験前のアドバイス

幼稚園・小学校の受験は、自分の意志で望むものではありませんから、受験について理解していても、どうして受験しなければならないのか、までをを理解するのは、幼児にとっては難しいでしょう。ただ、実際目にした小学校に対して、楽しい毎日が過ごせそうだ、校舎校庭などが広くてきれい、というような、その学校に惹かれる思いは持つことができるでしょう。お子さまが、その思いを抱いていれば、その学校に通うにはお勉強をして合格しなければ入れない、たくさんのお友だちも勉強して試験を受けるが、入れる人数は決まっている、ということを言い聞かせるのが、最善の方法です。

また、詳しいことを教えずに受験させる、という考えもあります。プレッシャーに弱いタイプのお子さまなら、こちらの方がよいのではないでしょうか。もちろん、試験中に守らなければならない約束（ルール）は、きちんと教える必要があります。

どの方法がよいかは、お子さまの性格を考えながら、保護者の方が選択されてください。

A20

理解できていなくてもＯＫです

Q21 親が思うようには進まず、子どもは勉強を嫌がります
Q22 真剣に学習しません
Q23 プリントテストに対する関心がまだ低いです

毎日のアドバイス

お腹が空いている時は、あれも食べたい、これも食べたいと、欲が出ます。それと同じで、保護者の方は受験のことを考えて、あれもこれもと焦ることばかりです。しかしお子さまは、保護者が期待するほど真剣には考えていませんから、お子さまのやる気を起こさせる努力が必要です。

まず、お子さまといっしょに学習する計画を立てることが一番です。計画を立てる時に注意していただきたいことは、実現可能なものにすることです。盛りだくさんの

計画や、お子さまの意志を無視した計画は、かえってやる気を削いでしまいます。計画的に運動をしたり、ものを作ったり、描（書）いたりといった、お子さまの得意なジャンルも必ず入れておきましょう。そして計画をやり遂げた時は、必ずお子さまを心から褒めてください。

受験前のアドバイス

毎日が勉強ばかりで、疲れも出て嫌になってくる時期でもあります。そうではなく、以前からやる気がなかったり、拒否反応が続けて出ていたのであれば、工夫が足りなかったのかもしれません。

大抵のお子さまは保護者といっしょに学習することを望んでいます。どんな小さなことでも、できた問題には「○」をつけて、褒めてあげましょう。学習のポイントは、できた問題にだけ「○」をつけ、できなかったところには「×」をつけないことです。できなかった問題には、やり直してできた時に、大きな花丸を書いてあげてください。また、解答記号の形がきれいだったなど、正解以外に、よかった点を褒めることも効果があります。

A21・22・23

まず、やる気の出る計画を工夫します。
それでも無理なら、精一杯褒めましょう

Q24　私立小学校の入試がすんでから、全くやる気が出ない様子です

受験前のアドバイス

私立小学校の入試がすんでから勉強が必要、ということは、国立小学校を目指しておいでなのか、公立小学校の入学準備の勉強なのかの、どちらかと思いますが、国立小学校の受験であれば、私立に向けて学んできたことで、必要な知識は付いているはずです。希望する国立小学校の過去の傾向を調べつつ、ゆったりとした気持ちで過ごしましょう。お子さまにしてみれば、精神的な疲れも出て、「まだやるの？」という気分でしょう。もし何かまだ対策学習をする必要があるのなら、保護者の方といっしょに、遊びを取り入れながら、徐々に雰囲気作りをしていきましょう。

例えば、おはじき取りゲームで、ジャンケンで勝った人が五個取る、負けた人は二

個というゲーム。ジャンケンを二回やって、いくつ多いかを競います。多かった人は、箸でマメをその数だけ取り、二回ジャンケンした後、マメの数はいくつ違うかを比べる。そして、そのマメを、うちわの上に載せて五歩歩く……など。このように、学習の要素を盛り込んだ遊びを考えて、口頭で答えさせるなどの工夫をしてみましょう。このような時は、机上での学習ではなく、体験型の学習に重点をおきましょう。少し間をおいてから、机上での学習を再開してみてはいかがでしょうか。

A24

焦らず、遊びながら学習を再開しましょう

Q25 きっちりとした計画を立てられません
Q26 勉強時間をなかなか作れません
Q27 思った以上に勉強がはかどりません

毎日のアドバイス

毎日を計画的に過ごしたいと思っているけれど、なかなか思うようにことが運んでいない、ということでしょう。計画というのは、理想を並べることではありません。もう一度しっかりと保護者の方がお子さまと相談をして、実行可能な計画を作ってください。

この時に肝心なのは、この計画は「誰のために、何のために作るのか」という、しっかりした指導理念を、お互いが確認することです。計画に無理があれば、すぐに予定がガタガタになりますから、無理のないようにしてください。また、計画を立てる

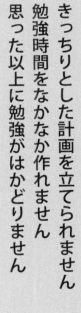

時に注意をしていただきたいことは、お子さまが自信を持てるような得意分野の学習をすることです。そして「よく学び、よく遊べ」の通り、遊びも取り入れてください。

計画を実行可能なものにするのは、保護者の方の裁量です。なかなか時間が取れない、という方も多いかと思いますが、朝の数分程でよいですから、毎日続けて学習する工夫をして実行してください。その時間が、お子さまにとっての大きな財産になるでしょう。

A25・26・27
実行可能な計画を立てましょう

Q28　教え方がわかりません

毎日のアドバイス

家庭で進める問題集は、教え方が掲載されている問題集を選ばれるとよいでしょう。ちなみに、弊社の問題集には教え方のアドバイスが掲載されております。また、図形や数量などは実際に具体物を使って解答を出していくことをおすすめします。例えば、サイコロの展開図は何通りに分類できるか、組み立てた時のサイコロの目の位置に注意して考えてみましょう。また、家庭の大きな鏡台の前で、鏡に映る自分の姿はどうなっているのかを、実際に試してみるのもよいでしょう。学習は視覚でとらえて、今考えるべき問題を1つずつ解決していくことが何より大切です。季節の行事は、家庭で実際に行いながら覚えます。言葉は、家庭でのコミュニケーションを多くして語彙を増やしましょう。毎日のお話の読み聞かせで想像力もついてきます。生活から学べば、お子さまの言語能力が自然に向上します。語彙が増えてきたら、徐々にペーパーに移行して、基本から応用へ進んでください。描く、書く（線や記号など）、切る、貼る、塗る、ちぎる、作る、積み木を積むなど、小学校で必要な行為は、ふだんの遊びでしていることばかりです。

受験前のアドバイス

今まで学習してきたことを信じて、続けてください。試験本番に向けて、時間を設定して解答していきましょう。入試直前は、健康面にも留意してください。

A28

生活の中で学習しましょう

Q29 勉強し始めて間もないので、まだまだ未体験の問題がたくさんあり不安です

Q30 入試までに学習が間に合うか不安です

毎日のアドバイス

入学試験は家庭生活全般が学習の対象になります。今までの家庭生活で身に付けた躾やマナー、生活のルール、常識、行動、言葉などです。遊びを通して得られる協調性、身体機能の発達、運動能力も試験の範囲です。

ペーパー問題は、具体物を使用して指導できる、図形や数量から始めるとよいでしょう。また、図鑑を見たり、自然と触れ合ったり、お話を読んで聞かせたり、何かを書いたり作ったりということは、家庭で身に付けるべきことです。

ふだんの生活を大切に、焦らずに多くのことを学び、身に付けていくようにしていくのが、受験対策の基本であるとともに、必須の勉強でもあります。

受験前のアドバイス

学習を始めて間もない状況で入学試験を迎えるのなら、保護者の方は不安だらけだと思います。このような場合の直前の対策としては、公衆道徳の遵守や話をする際の基本（声、大きさ、視線など）を徹底すること、試験の時に先生の言うことを守ることなど、躾やマナーに関することを再確認すること、そして試験の時に最後まで諦めない、というような精神的な要素です。学習面では、多くのことを行うというよりは、具体物を使用して、復習を中心に行うとよいでしょう。ペーパーテストでは、難易度の高い問題にチャレンジするよりも、取りこぼしのないよう、難易度を下げて行うことをおすすめします。

A29・30

家庭生活は学びの宝庫です

Q31　ダラダラ勉強することに悩んでいます
Q32　気分によって、できにムラがあります
Q33　意欲に波があります

毎日のアドバイス

ダラダラしてしまうのは、どのような時でしょうか？　保護者の方が、まずその点をきちんと把握してください。「ダラダラする」といっても、学習以外に気になることがあって集中できないのか、やる気がないのかによって、対策は変わります。まず、やる気がない場合には、お子さまが、学習することに意欲が持てないということですから、学習し、合格して、志望校に通う意義を納得してもらうほかありません。

学習以外に気になるものがある場合は、まず学習の環境を考えてみましょう。周りに気が散るようなものはありませんか？　できれば、お子さまの周りには何もない状

況で、視界に保護者の方と壁しかない、という環境にしてください。また、学習を開始する際に、終了の時刻と学習の量とを、あらかじめお子さまに伝えるのもよいでしょう。勉強に終わりが見えないと、ついダラダラしてしまうものです。それを避けるためにも、学習時間の長さをお子さまにもわかるようにし、テンポよく学習することをおすすめします。また、「これから勉強する」ということを、お子さまにわかってもらうために、始まりと終わりに、きちんと座ってあいさつをする、始める際に黙想して、集中力を高めてから行うなどのルーティンを設けるのも効果的です。

受験前のアドバイス

試験直前の学習時間は、最低でも試験時間程度の長さは確保してください。その程度の時間に集中できないようなら、試験問題に答えることができず、点数が取れません。また、ペーパーテストだけでなく、行動観察面でのチェックも入ってしまいます。そうならないためにも、積極的に物事に取り組めるような精神状態にしてください。試験直前でのダラダラの原因のとして、「マンネリ」や「遊び足りなさ」が挙げられます。

マンネリだと感じたら、環境を変える、学習方法を変えるなどの対策をとってみてください。遊び足りなさを感じた場合には、思いきり遊んでください。思いきり遊べるお子さまには、集中力があると言われています。ここで言う遊びは、身体を動かしての遊びのことで、ゲームやテレビなどは含みません。また、試験直前はお子さまに大きなプレッシャーがかかります（保護者の方がかけている場合が多いのですが）。そうなると「学習する＝怒られる↓やる気がなくなる」という悪循環に陥ってしまいます。試験直前あっても、机上での学習を一時中止して、保護者の方と三日間ほど、思いきり遊んでみてはいかがでしょうか。その際、ただ遊ぶのではなく、運動テストで出題されるようなことを取り入れるようにします。試験直前ですが、思いきって環境を変えることがポイントです。

A31・32・33

「ダラダラ」には、2つのパターンがあります

Q34　注意していることがなかなか直りません

毎日のアドバイス

このような内容の質問はよく受けます。しかし、お話を伺うと、ご自身のことが見えていない、ということに気が付いていない保護者の方が案外多くいらっしゃいます。また、保護者だから、もしくは大人だから、自分の言うことは正しい、という考えの方も多くいらっしゃいます。ご自分を振り返ってみてください。注意されたことを、一度で完全に修正していますか？　そんな完璧な方はいらっしゃらないと思います。

一度身に付いた習慣や癖がなかなか直らない、という経験は、どなたもお持ちではないでしょうか。しかし、ことお子さまのことになると「この間注意したのに、何で直さないの！」と、声を荒らげてしまう。もっと気を長く持ちましょう。一度言ってダメなら二度、二度がダメなら三度……と言うように、根気よくがんばるしか方法はありません。また、自分自身はできているかどうかを、客観的に観察することを忘れないでください。子は親の鏡です。

受験前のアドバイス

この問題は、お子さまの成長、人生というスパンでの長期的視点に立って考える問題です。試験だからこうするという安易な対処をするのではなく、もう少し広い視野で物事をとらえるようにしてください。小学校受験は、保護者の教育方針も観られます。

A34

根気よく注意するとともに、自分自身についても気を配りましょう

Q35　わからない問題やできない課題になると機嫌を損ねます

Q36　最後まで問題を聞かずに記号ミスをしたり、言い回しが少し違った問題になると、考えようとしなかったりします

毎日のアドバイス

　元々負けず嫌いなのかもしれませんし、以前に誤った解答をして怒られたり冷やかされたりしたことがあるのかもしれません。また、自分からすねてみせることで、あらかじめ防御策をとっているようにも見受けられます。こんな時は何も言わず、お子さまの反応を観察してみましょう。「これでは勉強できないから、やめましょう」と打ち切って、しばらく一人にしてあげるのです。毅然と構え、お子さまから謝ってきたら、きちんと向き合って話をしてください。保護者と子どもとの、心と心をぶつけ合うようなコミュニケーションは、テストで一〇〇点を取ることよりも大事です。

受験前のアドバイス

入試直前になると、今までできていた問題もできなくなってしまうことがよくあります。また、時間を気にしすぎたり、思い込んでしまったりすることから出るミスも目立ってきます。直前ということもあり、保護者の方にもお子さまにも、ストレスがたまってくるはずです。このような状態になった時は、思いきり遊んでみてはいかがでしょうか。ストレスを発散してから学習に取り組めば、結果は違ってきます。自分たちは、ほかのお子さまがしてこなかったことをしてきたのだ、というプライドを持って、根を詰めすぎずに本番に臨みましょう。

A35・36

時には毅然とした態度も必要です

Q37　親子での学習ということで、甘えが出てしまい集中力が持続しません

毎日のアドバイス

入学試験に要する時間は約40~60分間です。20分~30分は集中していられますか？ご家庭で、半分も集中できなければ、何か方法を考えなければなりません。親子で学習する場合、保護者の方がお子さまの甘えを容認しがちになります。一度が二度、二度が三度……と甘えを許容すれば、お子さまが甘えてしまっても仕方がありません。

例えば、集中力持続時間のグラフなどを作り、お子さまに記入させていく、という方法で対策してはいかがでしょうか。学習を始める時に、今日の目標を決めさせます。目標に達した時には、カードを渡します。カードは「もう少し」と「がんばりました」の二種類を作り、「もう少し」カード二枚で「がんばりました」カード一枚に交換でき、

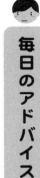

「がんばりました」カード三枚で○○と交換、などというように、数量と結び付けていきます。お子さまの励みになるようなものを用意して伸ばしていく方法もあります。

受験前のアドバイス

緊張感も高まってきているこの時期は、お子さまの集中力も欠け、学習に対しての抵抗感がさまざまな形で現れてきて、保護者の方も心配されることでしょう。これは、お子さまが周囲の環境から受けるストレスによるものでしょう。落ち着かない、集中力がない、勉強が嫌だと言う……こんな時は、保護者の方と、思いきり遊びを取り入れてみましょう。不安や緊張をほぐしていけば、元のように集中力も戻ってきます。

A37

励ましたり遊んだりしながら、集中力を発揮できるようにしましょう

第２章

学習内容 編

本章では、お寄せいただいたご質問のうち、具体的な学習の内容についてのお悩みにお答えしました。

ご家庭でお子さまの学習をみられる際、それぞれの問題の観点は何か、どう答えればよいのか、そしてそれをどのように教えたらよいのか——こういったことで悩まれた経験は、保護者の方の誰もがお持ちのことと思います。出題の意図や意味、そして解答方法がわからなければ、家庭学習の時間も、解答と答え合わせだけで終わってしまいます。

前章では、学習態度について、主に保護者の方が、お子さまにどのように接すればよいのか、ということについてお答えしました。保護者の方が、学習内容について自信を持って教えていなければ、お子さまにはその不安が伝わってしまいます。曖昧にごまかして、ということがお子さまに通用しないのは、みなさまがよくご存知の通りです。

本章は、保護者の方が、各問題のポイントを的確に教えられるよう、アドバイスを書かせていただきました。

理解しやすい分野や、理解しにくい分野が、お子さまによって、それぞれ異なるのは当然です。また、お子さま一人ひとりに寄り添い、生活と学習とを結び付けられるのは、保護者の方にしか、できないことでもあります。

昨今は、多くの小学校で、家庭教育の力を観られています。お子さまのつまづきを見逃さないよう、ぜひ本章を通読されてください。

Q38 △・□などの記号の書き方が雑です

Q39 急いで問題を解こうとするので記号が崩れて汚いです

毎日のアドバイス

指導のポイントは、図形の頂点をしっかり書くことです。□も△も、頂点をしっかり書かなければ、○と区別が付きづらくなってしまいます。せっかく正解したのに、解答記号が違うから不正解、ということもありえます。これは、実際の試験においても多い事例です。ですから、指導する際、「ここの尖っているところをしっかり書くと、きちんと書ける」ということを教えてあげてください。練習をする際、図形の角で「カクッ」と声を出しながら線の方向を変えるのも、頂点を意識付けるには効果的です。また、家庭学習の最中も、お子さまは解答の正誤を気にしているとこと思います。お子さまが正確な図形を書いた時には「この△（□）はすばらしいね」と解答記号を褒めてみてください。意外なことを褒められると、案外、お子さまのやる気を引き出す効果があります。ぜひ、お試しください。

受験前のアドバイス

急いでいるから記号が汚い、とのことですが、ゆっくり時間をかけて書けば、きちんと記号を書けるのでしょうか。原因をはっきりさせることが大切です。時間をかけても書き方が雑ならば、①記号の意味がわかっていないか、②もともとの性格が原因かの、どちらかです。いずれの場合も、記号の意味を、はじめからしっかりと理解できるよう、根気よく説明をしてください。必ず解決するはずです。

A38・39

図形の頂点がポイントです

Q40　ていねいなのはよいのですが、何でもゆっくりで時間がかかります

Q41　時間との戦いに苦しんでいます。理解はできていますがスピードが出ず、時間切れになってしまいます

毎日のアドバイス

ていねいなことは悪いことではありません。しかし限度があります。まずは、どのようなことに時間がかかっているかを把握してください。考えるのに時間がかかるのであれば、論理的に整理してみましょう。整理のやり方がわかってきたら、時間を計ります。また、書くことに時間がかかるようであれば、時間を計って書く・描く練習をしていきましょう。

この時に時間がかかっても焦らず、叱らないでください。最初は時間がかかるかも

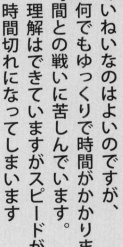

しれませんが、投げ出さずに続けていることについて「この練習はまた次の日にしようね。がんばったね」と、がんばったことへの賞賛を、抱きしめながら伝えてください。ここではお子さまが、早くできる、という自信を持つことが重要です。

受験前のアドバイス

試験前には、スピードだけを求める単純作業を繰り返すとよいでしょう。その際、タイムを計り、表やグラフといった、目に見える形で結果を表すとお子さまも張り合いが出るのではないでしょうか。内容は、点つなぎ、簡単な図形模写、○を書く、などでよいでしょう。そのような問題を数問繰り返し、スピードを意識させます。集中して繰り返すことで、時間も早くなるのではないでしょうか。ただ、簡単な図形模写では、スピードを求めるあまり、正答率が下がったり、作業が雑になったりする場合もありますので、その都度注意をしてください。テストで大切なことは、①正しく答える、②ていねいに答える、そして③スピードとなります。ですから、問題を解くスピードが遅いことを意識するあまり、誤答が増えたり、雑になったりすると、本末転倒になります。細心の注意を払ってください。ほとんどの場合、入試は満点を取らなくても合格できます。できないことばかりに気を取られると、かえってほかのことにも悪影響を及ぼし、本来の力が発揮できないこともあります。あくまでも、スピードと正答率とは別であることを忘れないようにしましょう。

分野ごとにスピードを上げたい場合は、難易度の低い問題を集中的に、解答時間を短く設定して取り組みます。難易度が低い分、解答スピードは上がるはずです。保護者の方が「速くなったね」という時間に関係した褒め言葉を意識的に取り入れて、お子さまを調子に乗せることも大切です。きっと解答スピードが上がってくるでしょう。

A40・41

学習とは別にスピードを付ける練習をしましょう

Q42 制作が遅いんです

毎日のアドバイス

制作は、短時間でも構いませんので、毎日練習することをおすすめします。切る、ちぎる、描く、書く、貼る、折るなど、基本動作だけでもたくさんあります。入試問題では、練習を重ねれば速くていねいな仕上がりになるものも出題されますし、自由制作や、想像して作るようなほかのジャンルとの複合になり、単に作ればよい、描（書）けばよい、ではすまない高いレベルの課題も出題されます。基本作業の切る、ちぎる、描く、書く、貼る、折るを毎日練習することで、基本動作を身に付けましょう。

「切る」……はさみが手に合う大きさを選び、紙を動かしながら切る

「ちぎる」……左右の手でちぎる（破くとは違います）

「描く、書く」……姿勢に気を付け、筆記用具の正しい持ち方をする

「貼る」……のりの付け方や貼る位置にも注意する
「折る」……折ったり重ねたりする位置に注意する

このような基本は、繰り返すことでスピードも上がってきます。基本ができれば難しいことへの挑戦意欲も出てきますので、新たに材料を買い求めるのではなく、家庭内にあるものを利用して挑戦させてください。何が材料として使えるのかを考えることも訓練の一つです。このようなことが想像・創造につながっていきます。この「考える」練習は、お話の続きを創作したり、絵画・制作などの問題にも役立ちます。制作の基本がある程度できるようになれば、今度は時間との戦いになります。競争意識を持ちつつ、時間と作品をしっかり作るには、保護者といっしょに作品を作ることをおすすめします。お子さまはきっと、保護者の方より、上手く早く作ろうと意識する状態になっているはずです。

受験前のアドバイス

応用レベルの課題制作を、お子さまとご家族で行います。この時、「時間と作品」の両方で競い合ってみましょう。スピードばかり速くなっても、作品としてお粗末にならないよう、注意を与えてから行います。試験では、材料を指定されたり、見本を見て作ったり（折ったり）、また、話の続きを絵にしたり、話の内容から想像して制作をしたりする出題があるので、さまざまな形式を試してみましょう。そして、競争意識が先立ってお粗末な作品を作らないよう、しっかり注意をした上で、お子さま自身に自分の作品の出来映えを評価させるのです。お子さまは、何か感じることがあるはずです。もちろん参加された保護者の方も同様に、ご自分の作品を評価しましょう。希望校の出題に合ったことばかりやるのも悪くはありませんが、練習の範囲が狭くなり、応用が利かなくなる懸念もあります。お子さまの将来を考えますと、さまざまな練習をしてスピードを上げ、よい作品の完成を目指すことをおすすめします。

A42 毎日練習をしましょう

Q43　新しい問題に弱いです

Q44　新しい問題を理解するのにとても時間がかかります

毎日のアドバイス

お子さまに限らず、ほとんどの人は新しい問題には弱いはずです。具体物を利用して指導できる問題については、具体物を用いてわかりやすく指導してください。こうした指導で興味が湧けば、お子さまの取り組みも前向きになることでしょう。問題の意味がわからないのであれば、問題の理解に重点を置き、問題文を区切って理解させてみましょう。同じ内容の問題でも、問題集によって言い回しが異なります。さまざまな文章に慣れておくことも大切です。

このお悩みの対処方法として大切なのは、ほかのお子さまと比較しないことです。

保護者の口から出る、ほかのお子さまと比較する言葉は、お子さまを怒らせるか、反発させるか、落ち込ませてしまうだけです。比較をするのであれば以前のお子さま自身と比べ、理解が速く、深くなってきているかどうかを見てください。そして、理解しようとしている努力を認めて褒めてあげることです。

受験前のアドバイス

直前ともなれば、試験に出るほとんどの分野の問題は経験済みだと思われます。あるのは、問題の難易度の違いだけでしょう。問題を解く時に、解答ではなく、考え方を指導されていれば、どうということはありません。小学校入試で超難問が出題されることは、めったにありません。逆に、基礎基本をしっかり指導することに力を入れてください。

A 43・44

基本さえできていればＯＫです

Q45 なかなか決められた時間内に解けません。また、解くスピードが上がりません
Q46 マイペースなので、時間内に全問終了できません

毎日のアドバイス

お子さまに受験をさせようと思う前には、スローペースなお子さまをご覧になられて、どう表現していましたか？　「マイペースで何でも時間がかかって困る」などとは仰らなかったと思います。おそらく「一つひとつていねいにする子」「じっくり取り組んでいる」と表現されたのではないでしょうか？

マイペースなのは、悪いことではありません。それは個性であり、何事にも動じない、とも表現できると思います。速いことが必ずしもよいとは限りません。まずは、保護者の方のお子さまに対する意識を変えてください。その上で、どのようにしたらスピ

ードアップを図ることができるのかを考えましょう。問題を解くことだけにおいてスピードアップを図るのではなく、日頃何かをする時でも、時間を区切ったり、計ったりと、時間を意識させるようにしましょう。

受験前のアドバイス

この方はマイペースという言葉を「独善的な」とか「自分勝手な」などの悪い意味にとっていらっしゃるのではないでしょうか。マイペースという言葉は、本来は「自分の能力を知った上で、自分に合ったやり方で事を進める」と言う大変結構な意味です。

もしも本当に、入試直前のこの時期に自分勝手にしているようでは、入試合格はまずアウトです。保護者の方も、お子さまは不合格だ、という覚悟を決めて、諸事万端を取り決められたほ方が賢明です。

そうでないならば、お子さまの個性を認めてあげて、しっかりと、実力を発揮できるよう、サポートしてあげてください。

言うまでもありませんが、受験の目標は、時間内に全問終了することではありません。全問解答したところで、解答が間違っていたり、思考のプロセスが雑であったりしたら、合格することはできません。

お子さまが、自信を持って試験に臨み、解答できるところでミスしてしまわないよう、保護者の方は自信を付けてあげましょう。そうすれば、お子さまの、いい意味での「マイペース」さが、発揮できるはずです。

A45・46

保護者の方の「マイペース」に対する認識をアップデートしましょう

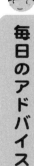

Q47 問題を解くスピードが遅いです
Q48 ケアレスミスが多いことが気になります

毎日のアドバイス

スピードが落ちると集中力もなくなって、ミスが多くなる、というお子さまもいらっしゃいます。要するに、だらだらと時間がかかって、その上実りがない、ということですから、集中できる時間を延ばすことが解決のカギになるでしょう。また、わからなくなると、考えを放棄して雑になって、解答にミスが出る、ということも考えられます。

集中力を付けるには、やさしい問題を確実に正解できるようにすることです。そうすれば、類題を解く時の解答時間も短くなります。そこで短時間にできた喜びを実感させ、次の問題に挑戦させてください。その時は時間を計り、完全に解ける問題とやや難しい問題とを繰り返し、集中できる時間を延ばしていく努力を続けてください。

受験前のアドバイス

ケアレスミスをする原因として、思い込みで問題を解いている、ということは考えられませんか？　試験前になると、多くの問題を解いてきた経験から「この問題見たことある」と、勝手に思い込んでしまうことがあります。このような傾向が見られたら、保護者の方が、出題する時に問題の言い回しを変えてみてください。例えば、同図形探しなら、「左と同じ形ではないものに○をつけましょう」というようにです。実際に、多くの学校では、受験者の「聞く力」を観るために、出題の仕方を少しひねってみる、ということをしています。

そうすることで、お子さまは聞き逃すことによる間違いが多くなることに気付き、最後まで聞くことの重要性を実感することができます。

また、スピードが遅い時や、ケアレスミスが重なってしまう時には、難易度を下げて学習するとよいでしょう。これは、聞くことと考えることとを、それぞれ分けて学習するためです。

A47・48

スピードと集中力は背中合わせです

Q49 以前できていた問題が突然できなくなることがあります

毎日のアドバイス

今日まで問題そのものをしっかりと理解できないままだったのか、体調がすぐれないのか、今日は意欲が欠けていたのか、原因はこの三つのいずれかでしょう。

今はスランプ状態のようですから、焦るあまり、集中的に学習を行うことはおすすめできません。時が経てば、再び理解して、できるようになるでしょう。

一時的に意欲が湧かないのは、誰にでもあることです。気にされなくてもよいでしょう。そんな時は気分を変えて「よくがんばっているね」と、褒めてあげましょう。

受験前のアドバイス

この時期になりますと、焦りや緊張感から来るストレスから、このようなことがあります。繰り返しがんばって学習されているようですから、基本ができていて、気持ちが穏やかにリラックスできれば、通常の状態に戻るでしょう。保護者の方もお子さまも、リラックスできるよう努めてください。

小学校受験がお子さまの一生を決定するわけではなく、人生の一つの通過点にすぎません。受験勉強でお子さまとのコミュニケーションをたくさんとることで信頼関係が深まり、家庭の教育方針へも気を配り、さまざまなことを学べた、ということは、保護者の方とお子さまにとって、すばらしい財産となることでしょう。

A49

リラックスできるよう努めてください

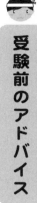

Q50　理解したように思えた問題も、少し時間が経つと忘れてしまいます

Q51　一度勉強してわかっている問題でも、ミスをします

毎日のアドバイス

大人にもこのようなことはしばしばあります。一度解いた問題ができなくなる理由としては、①その項目をしっかり理解していなかった、②同じ問題を繰り返して解き直さなかったのでマスターできていなかった、③問題をテクニックだけで解いていた、④スランプの状態にある、などが考えられます。④のスランプであれば、気分転換をして、再挑戦すればよいでしょう。

①と②が原因であれば、その問題だけに固執せず、基本問題に戻り、どの段階でわ

からなくなったのか、どのように考えればよいのかを指導しましょう。基本問題や応用問題の数をこなすことで、この現象は解消されます。③の問題を解くテクニックとは、例えば「系列」の問題で、パターンを見つけるために用いられる方法などのことをさします。応用問題を解くために、テクニックは覚えないのが一番ですが、覚えてしまった場合には、テクニックを使わない条件で、基本問題にあたってみてください。

受験前のアドバイス

記憶することが増えてくると、気持ちが覚えることだけに向いてきますので、それまでできた問題ができなくなることがあり得ます。保護者の方は、この時期になると、難しい問題へと気持ちが向かいがちですが、どんな小学校の入試でも、基礎基本をしっかりマスターしてその応用ができれば充分合格できます。基本問題の復習を行っておきましょう。

A50・51　基礎・基本を徹底しましょう

Q52 同じタイプの問題も、違う形式で出題されるとできません

毎日のアドバイス

少し問題が複雑になると、できない、難しいという先入観が先に立ち、解こうとする気持ちが薄れてしまうのかもしれません。しかし、形式が違う問題でも、今まで解けていた問題の□が△になっているだけだった、ということもあります。どこが同じで、どこに違いがあるのかを分解してみましょう。また、問題の意味がわからないのであれば、文章を理解することから始めてください。さまざまなタイプの問題を解くことで、以前に解いた問題と類似した問題であることがわかってくるでしょう。また、慣れからきているかもしれません。早い時期に、数多くの出題形式の問題に触れておくとよいでしょう。

受験前のアドバイス

受験前の焦りを感じ、問題のどこかで引っかかるとパニックになり、できないと思い込んでしまうのかもしれません。まずは、出題の形式が違うだけで、今までの問題と同じであることがわかるように、お子さまと問題の分解整理をしてみましょう。

「落ち着けば大丈夫」と、お子さまに自信を持たせてください。この時期になると、お子さまは焦りや不安を感じています。お子さまの不安をなくすことができるのは、信頼している保護者の方だけです。できなかったらできないでもよい、その時その時を楽しもう、というぐらいの気持ちでいましょう。

A52

自信を付けるためにも、多くの出題形式に触れておきましょう

Q53　違う形式の問題ができません

毎日のアドバイス

基礎ができていないか、もしくは問題の意味がわからないことが原因かもしれません。まずは、なぜその答えを出したかの理由を聞き、できない原因を探りましょう。当てずっぽうで答えたり、ハウツーで解いたりした場合は、もう一度基本に戻った方がよいでしょう。

小学校入試で求められる考え方は、小学校に入ってからの勉強のベースになりますから、基礎の指導は徹底してください。問題文の意味がわからない場合は、問題をわかりやすく言い換えるか、少し言葉を足す（ヒントを出す）かして、再度挑戦すれば、できるようになります。

受験前のアドバイス

直前になって自信や気力を喪失しては困ります。このような場合は、問題を「捨てる」のも一つの手かと思います。

仮に基礎がお子さまの身に付いていないことがわかったとしても、直前で無理に教え込むと、ほかのことが抜けてしまうかもしれません。それよりは、できる問題を確実に解ける方がよいでしょう。できる問題で自信を付けさせて試験に臨むことで、思わぬ実力を発揮するかもしれません。受験直前は、問題の出来不出来よりも、お子さまの心のケアを優先させてください。

A53

できない原因を探ると同時に、できる問題を確実に解けるようにしましょう

Q54 応用力がありません

毎日のアドバイス

基本がわからないか、問題文の意味を整理できず「この問題はできない」と思い込んでいるかの、いずれかでしょう。基本ができていなければ応用はできません。まず基礎基本を徹底的にやりましょう。

同時に、問題文を理解するために、語彙を増やして、言葉の理解力も付けなければいけません。そのためには、日常の会話を豊かなものにするとともに、お話の読み聞かせ（単に読むだけで終わらせず、物語のあらすじや読後の感想を聞く）、お話の創作（お話の続きを創作したり、新しいお話を考えたりする）、お話の内容の絵を描いて順番に並べる、などの方法が有効です。言語力をつけて、問題の趣旨を理解できるようにしていきます。

図形や数量などの問題は、具体物を使って、さまざまな形や数の問題に何度も取り組み、基本をしっかり理解させてください。その時に、問題を発展させて「もしこうしたら、どうなるか」と、応用を盛り込んだ問題も考えさせるとよいでしょう。

複雑な図形を展開する問題でも、折り紙を折って、切り開いた時の形はどうなるのかを、順を追って見せていきましょう。これらは、身構えず、ふだんの遊びと同じの感覚で、できるでしょう。

応用問題は、その趣旨を整理して、個々の問題が何を求めているのか、ということを理解させることから始まります。

受験前のアドバイス

試験直前になって応用力がないのは痛いところですが、諦めないでください。

保護者の方は、ふだん「こんなのもわからないの」と言っていませんか？　この言葉は絶対に禁句です。その代わりに「私といっしょにやってみようね」「よくできたね、すごいね」と、ゆったりとした気持ちで、受け入れてあげましょう。

そして、お子さまが解けなかった問題を整理して、何を求めているのか、どうすればよいのか、具体物を使って、よく理解させてください。いくつかの類似問題を理解したら、具体物なしでやってみましょう。

焦りは禁物です。試験までに時間がなくたって、一つでもしっかりと応用問題ができればよいではありませんか。ゲーム感覚で積み木や折り紙を切り開いた形、ジャンケンゲームでの数のやりとりや言葉遊び、ブラックボックスなど、今からでもさまざまなことを取り入れて勉強することができます。慌てず悠々と、直前まで取り組んでいきましょう。

A54
焦りは禁物。
ゆったりとした気持ちで取り組んでください

Q55 問題（質問の意味）についての理解ができません
Q56 問題を理解するのに時間がかかります

毎日のアドバイス

問題の意味がわからなければ解答はできません。問題を解くのには、文章を理解する力が大きな影響を与えるのです。

読む、お話を作るといった文章力を付けるには、ふだんの生活で会話や絵本などの読み聞かせをして、文章（文の構成、話の筋、単語、言い回しなど）を理解しているかどうかを重視しましょう。そして、聞いた話の内容（意味）を、お子さまに質問することから始めてください。

理解できなかったものについては、少しずつていねいに読んで、どういうことを質問しているのかを考えさせてみましょう。このように、読み聞かせを工夫することで楽しく理解しながら学んでいくことができます。

ふだんからちゃんとした会話を心がけ、話のキャッチボールを増やしていってください。また、お子さまが、言葉を先取りしたり、行動を先取りしたりしないよう、保護者の方は注意してください。

その他の学習方法として、お子さまにお話の創作をさせたり、それを題材にして、数問の問題を作らせると、よい練習になります。問題の趣旨を充分に理解する力、語彙の知識と文章力がなければ、お話や問題を作ることはできません。お子さまの作ったお話を題材にして、簡単な問題作りから始めてみましょう。

その問題には保護者の方が答えてください。自分が問題を作るとなれば、お子さまは一所懸命に問題を考えるに違いありません。

受験前のアドバイス

お子さまは、出題された問題が少しわかりにくいと、「キレて」しまうところがありませんか。原因としては、文章の理解力不足や、集中力不足などが考えられます。

文章の理解力が不足している場合は、これまでしてきたことを、焦らずに継続してください。そして、よくできた時には賞賛を忘れないでください。

集中力不足については、大ざっぱな性格が原因です。今までの学習は、それで通用してきたのではないでしょうか。今からでも、保護者の方といっしょに、問題の求めていることを理解してみましょう。その時に、お子さまが保護者の方に頼るような仕草をしても、お子さま自身が考えて理解するよう、誘導してください。

お子さまができた時は、少々大げさに「できるじゃないの！」と保護者の方のうれしさを伝えてください。お子さまを、その気にさせることが大切です。まずお子さまに合った方法を見つけてください。

まずご自分が心を穏やかに保てる工夫を考えてください。それができなければ、ひとまず家庭学習を中止するのも一案です。

A55・56

お子さまが自分で考えられるよう促します

Q57　本人にやる気がありません。塾（幼児教室）が合ってないのでは……

毎日のアドバイス

もし、塾（幼児教室）がお子さまに合わないとお考えなら、保護者の方も何か感じることがあるのでしょう。何が原因でやる気が起きないのか、そして、塾が合っているかどうか、お子さまとじっくり話し合ってください。原因は、どこかに必ずあるはずです。

その原因が毎日の生活や、お子さまの性格に起因するものならば、保護者の方が、お子さまと話し合って解決しましょう。また、塾の授業の進め方や、いっしょに学んでいるお友だちと仲良くできない、といったことにあるのならば、塾の先生に相談してください。

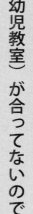

いずれにせよ、お子さまにとっては言いにくいことですから、根気よく、穏やかにその理由を聞き出してください。対処は早い方がよいのですが、保護者の方は、一人で抱え込まず、周囲の方のアドバイスをあおぎましょう。

受験前のアドバイス

直前になって、突然お子さまのやる気がないように感じられたり、塾が合っていないように感じられたり、ということは考えづらいです。おそらく、保護者の方は何が原因なのか、おおよその見当がついているのではないかと思います。悩まれているのは、その原因が、すぐに解決できることではないからではありませんか？

もし、お子さまが、塾が合っていない、というようなことを突然言い出したのであれば、お子さまにとって、何か気になることがあったのではないでしょうか。お子さまの様子から、それが読み取れないようであれば、塾の先生に相談してみることも、おすすめします。

塾へ行くことにお子さまが苦痛を感じている様子であれば、集団行動のカリキュラム以外は、少しお休みして様子を見てもよいでしょう。

志望校の対策学習をする際には、保護者の方が、お子さまの不安要素を取り除いてあげることが重要です。お子さまの感情に蓋をすることなく、楽しく学習効果を上げましょう。

A57 思い当たることはありませんか？

Q58　学力が伸び悩んでいます

毎日のアドバイス

学力の伸長には、個人差があります。お子さまの中には、ある時から一気に伸びるお子さまもいれば、そのまま、というお子さまもいます。

一気に伸びるお子さまの共通点は「言葉ができている」ということです。お子さまが、今一つ基本をしっかり会得してない、とお感じになるのであれば、焦らずに、伸びない分野を、基本から集中してやり直してみましょう。集中力が切れた時には、学力は身に付きません。

また、家庭学習では、「なぜわからないの」「何べん言ったらわかるの」などの言葉は、絶対に口にしないでください。お子さまを責めず、じっくりと毎日少しずつ取り組みましょう。

お子さまの目を見ればその問題の理解度はわかります。根気よく続けていきましょう。

受験前のアドバイス

ふだんからコツコツ学習していれば、学力は必ず伸びてきますが、ちょっとした進歩は見逃しがちです。保護者の方は、お子さまの学力に少しでも伸びが見えたら、自分の喜びをしっかりと伝えてください。そしてがんばっているお子さまを褒めてください。直前とはいえ、お子さまの学力は、声のかけ方や褒める言葉で違ってきます。心の余裕を忘れないように取り組んでいきましょう。無理は禁物です。

A58

お子さまを信じて、最後まで根気よく進めましょう

Q59　なかなか能力を発揮できません

毎日のアドバイス

ここでおっしゃる「能力が発揮できない」というのは、本来は力があるのに、何かの原因があって、テストなどでよい成績が取れないということでしょうか？　そうであれば、保護者の方は「なぜできないの」と、性急に結果を求めないようにしてください。焦ってはダメです。「果報は寝て待て、継続は力なり」です。

テストでよい成績を取るためには、その場の雰囲気に慣れる、ということも必要です。この「慣れ」さえ身に付ければ、ほとんどの場合は、学力に見合った結果が得られます。

また、ほかのお友だちと比較せず、お子さまをしっかりと見てあげてください。お子さまの努力を褒めれば、さらにお子さまは自分本来の力を発揮して、それに応えてくれるでしょう。

受験前のアドバイス

いざ本番となったときに、今までの努力をいかんなく発揮できるお子さまと、能力があるのに発揮できないお子さまとがいらっしゃいます。両者の違いは、もちろんその日の気分や健康状態にもよりますが、保護者に精神的なゆとりがあるかどうかにあります。

筆者は、私立・国立小の模試会場に行く機会があります。その時、試験が終わり、会場から出て来られる保護者の方を見ていて、「この保護者のお子さまは合格できないだろう」と思ったり、逆に「この保護者のお子さまなら、きっと合格できるのではないか」と、思わず感想を抱いてしまうような場面に遭遇します。

細かいことは申し添えませんが、マナーや常識に欠ける保護者のお子さまは、やはりマナーや常識に欠ける傾向にありますし、試験が終った直後に精神的ゆとりがあり、周りに気遣いできる保護者のお子さまは落ち着いています。実際に、どちらがよい成績をあげたかはわかりませんが、どちらが本来の能力を発揮したのか、ということは予想がつきます。

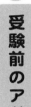

お子さまの努力の結果を、実らせるのも無駄にするのも、保護者の方の接し方次第でです。試験直前ならばなおのこと、今までがんばってきたお子さまを信じ、大らかに構えてください。

A59
保護者の方に精神的なゆとりがあるかどうかがお子さまが能力を発揮するカギです

Q60　集中すると特に、ハサミなどに目を近付け過ぎてしまいます

毎日のアドバイス

危険ですから、目とハサミの間に一定の距離を保って使用するように教えてください。

ハサミで紙を切る時の注意点は、次の五つです。

①お子さまの指の大きさに合ったハサミを使用する
②切る時は紙の端を持つ
③刃先は外側を向ける
④ハサミは大きく広げて、紙をハサミの刃の中心部まで持っていく
⑤ハサミは動かさずに、紙を動かしてゆっくり切る

これらの注意をよく言い聞かせてから練習させてください。

はじめは少し厚めの紙で練習をした方がよいでしょう。薄い紙だと、端を持った時に紙が垂れ下がって、切るところが見えにくく、ハサミに目を近付けてしまいがちです。姿勢も悪くなり、危険です。背筋を伸ばして、紙を動かしながら切る練習をしてください。

受験前のアドバイス

直前ですが、基本からやり直してみましょう。注意することは前項通りですが、守られているかどうかチェックしてください。

基本の線切りや、線と線の間を切ることがすでにできるようなら、曲線やジグザグ線、入り組んだ線など、難しい切り方も練習しましょう。

A60
お子さまの安全が最優先です

Q61　勉強と宿題が計画通り進みません

Q62　毎日少しでも学習したいと思っていますが、なかなかできません

Q63　予定した学習ができずに、試験日が近くなってきました

毎日のアドバイス

実行するのは保護者の方ではなく、お子さまである、ということを忘れないでください。

一般に、保護者の方はお子さまの心身へのフォローが疎かで、独善的になりがちです。疲れた時に無理に学習に取り組んでも効果がありません。無理のない計画を練り直してみましょう。その際は、長時間持続して学習するよりも、短時間で効率よく学習す

る方が、効果が上がる、ということを念頭に入れてください。

お子さまにとっても、保護者の方にとっても、ゆとりを持ち、継続して学習することが、とても大事です。小学校の入学試験では、家庭生活のすべてが観察対象となります。生活の中で何を身に付けなければならないか、どのような雰囲気を作ればよいのか、そのために、保護者の方はどのような気持ちを保てばよいのか、整理して考えてください。

受験前のアドバイス

直前で何とか挽回しようとすることは無謀です。保護者の方の、気持ちのゆとりもないでしょう。

ここまで来たのですから「まな板の上の鯉」になった心境で、穏やかにその日を迎えましょう。

それに、この時期に勉強嫌いになってしまっては、この先ははるかに長い、学習生活の将来が心配です。

小学校入試は、一つの通過点にすぎず、今後の学習生活で挽回することも、充分可能です。小学校受験の学習を通じて、保護者の方と一緒に学んだ好奇心いっぱいの日々、そして楽しく穏やかに過ごした幼児期の思い出は、これからのお子さまの、貴重な財産となることでしょう。

A 61・62・63
お子さまの心身のフォローを優先してください
直前で挽回しようとするのは逆効果です

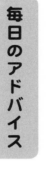

Q64　子どもが嫌がらない時は二時間ペーパーをすることがあります。多すぎですか？

毎日のアドバイス

ふだんからコンスタントに家庭学習を行っているなら、問題ありません。一方、気が向いた時だけやるような、ムラのある学習は感心しません。毎日短時間でもよいですから、習慣化することが大事です。

「継続は力なり」です。気が向くと二時間、ということですが、長時間にわたって集中するのはかなり大変です。集中が欠けてきて、遊びのような感覚でやるのは、感心しません。しかし、わからないことを、さまざまなものを利用して身に付けようとする勉強（本を見て調べたり、具体物を使って理解に努めたり）であれば、二時間はあっという間に過ぎてしまいます。長時間の学習であっても、お子さまの負担はそれほど大きくないでしょう。

受験前のアドバイス

試験直前になって、急に二時間も学習を始めた、しかもこの学習時間が毎回ではない、という場合には、改める必要があります。続けていくことでお子さまに無理が生じ、心身への負担になります。試験前の学習は、取りこぼしをなくすような内容を中心に、コンスタントかつ控え目に行うことを意識してください。

学習時間に関する一つの目安は、受験する学校の試験時間です。これは、ペーパーテストの時間だけでなく、制作なども含めた時間です。入学試験中は、その時間ずっと集中することが求められるからです。

A64 学習の習慣と内容によります

Q65　何回同じ問題を解いても間違えてしまいます

毎日のアドバイス

解答を導き出すまでのプロセスをきちんと理解できていないと、いくら問題の回数をこなしても、その学習時間は無駄になってしまいます。

また、保護者の方は、「どうしてこの問題ができないの。この間、きちんと教えたでしょう」などと、お子さまを叱ったのではありませんか？　その指導をお子さまが理解できなかったから、解けないのです。まずは、お子さまのつまずいているところを正確に把握して、理解のポイントを修正してあげることです。

具体的には、お子さまが先生、保護者の方が生徒役となって、問題の解き方を指導させます。お子さまの説明を聞くことで、どこで間違えているのかを把握することができます。把握した後に、間違った部分を修正してあげると、以前よりすんなりと解けるでしょう。

受験前のアドバイス

入学試験で満点を取らなければならない、と思っているのは、保護者の方だけです。基準は学校によって異なりますが、大多数の入学試験では、数問間違っても合格することができます。

お子さまへの精神的負担を考慮すると、できない問題を捨てる、という考え方もまた、一案だと言えるのではないでしょうか。追いつめるよりも、「できないものもあるよね。でも、諦めずにがんばろうね」という程度にすると、お子さまの肩の力も抜け、思わぬがんばりが見えるかもしれません。

また、保護者の方の不安から、同じ問題を何度も解かせる、というのも、お子さまにとっては、大きな負担を強いることになりますから、慎んでいただきたいと思います。

大切なことは、お子さまに、過度なプレッシャーを与えないようにする、ということです。試験前に、お子さまに「できなかった」という気持ちや、負の体験をを抱かせるようなことは避けましょう。これは、お子さまの精神面だけでなく、試験の結果にも、密接に関わってくることです。

A65
回数ではなく、理解のプロセスが重要です

Q66 苦手意識が出てきたことです
Q67 苦手な問題を克服したいです。また、時間内に問題を解けるようにしたいです

毎日のアドバイス

一度苦手意識を持ってしまうと、それを克服することはなかなか難しいものです。苦手だと思う根源には、「楽しくない」という気持ちがあります。まずは「楽しい」と思わせてあげることが大切でしょう。

絵画であれば、巧拙の判断をするよりも、お子さまが描いたものを、まず無条件で受け入れ、褒めてあげましょう。まずは絵を描くことが「楽しい」という気持ちを抱かせるのです。その気持ちが、これから積極的に絵画に取り組む原動力となります。

具体的な題材としては、保護者の方が読み聞かせをした、お話の絵を描かせてみることをおすすめします。お話を聞く力や創造力とともに、想像力も高められます。

受験前のアドバイス

入試の直前に、特定の分野や問題に苦手意識を持つ原因は、問題をスムーズに解くことができないことに起因する焦りです。

入試直前は、保護者の方にも気持ちに余裕がなく、ピリピリしたムードを作ってしまいがちです。お子さまは、保護者の方のこうした態度に、すぐに影響を受けてしまいます。

こういう時期だからこそ、落ち着いた雰囲気で、いつも通りの生活を送ることを心がけましょう。直前には、難しいことを要求するのではなく、真っすぐな線や曲線を引くことができているか、枠からはみ出すことなく、ていねいに色を塗ることができるかなど、基礎的なことを再確認しましょう。

A66・67

楽しくなければ苦手になります

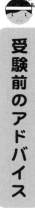

Q68 難問になると急にやる気をなくします

Q69 取りかかるまでに時間がかかります。また、不得意な問題は、嫌がって解こうとしません

毎日のアドバイス

一概には言えませんが、「難問」は、夏休み後半で学習しましょう。お子さまの学習到達度によって判断してください。

同じような質問をよく受けますが、「難問」の定義を変えれば、悩む必要はありません。何が「難問」なのかは、それぞれのお子さまの学習到達度によって違ってきます。学力がつけば、もはや過去の「難問」も、現在の「難問」ではないのです。

まずは、学習計画をしっかり立てること。次に、学習計画に基づいた学習を行うよ

うにすること。この二点を意識して取り組んでみてください。

一気に難易度を上げると、お子さまはパニックに陥ってしまいます。お子さまの性格も考慮しながら、ゆっくりと、取り組む問題の難易度を上げていきましょう。

受験前のアドバイス

難問になるとやる気をなくす原因は、基本はできている場合と、基本ができていないために、難問がもっと嫌になる場合、または、難問にばかり取り組んでいるせいで、嫌気がさしている場合など、さまざまです。

試験が近付いてきたら、難問にチャレンジするよりも、基本問題に立ち返り、取りこぼしをなくす学習に力を入れるとよいでしょう。

基本問題を繰り返すことで、理解度が深まると、自分ができる、という自信もついてきます。

このように、状態を上向きにして試験に臨めるようにするのが、保護者の方の環境作りというものです。また、お子さまの状態が上向きな時は、実力以上のことを発揮

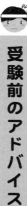

できる場合もあります。

難しい問題が出るのだからそれに対応できるだけの学力がなければ……という保護者の方の焦りはわかりますが、直前の時期に付け焼き刃で、何かをしても逆効果になってしまうのです。それよりは、お子さまのコンディションを整えるために気を配ってください。そのために、まずは、保護者の方自身が、肩の力を抜いて取り組んでください。

A68・69 お子さまの精神的なコンディションに気を配ってください

Q70　苦手な問題をやりたがりません
Q71　苦手な分野のペーパー問題をさせようとすると取り組む前から嫌がります

毎日のアドバイス

苦手な問題も、得意になれば、自分から取り組むようになります。当たり前といえば当たり前の話です。ここで大切なことは、苦手な問題をどうさせるか、ということではなく、どの思考過程においてつまずいているのか、ということを、保護者の方が把握することです。

把握する方法は、お子さまを先生役にして、解き方の説明をさせます。そうすると、どこでつまずいたり、間違った思考をしているかが把握できます。

次に、その箇所をわかりやすく説明します。

お子さまにとって「苦手」というのは、問題のすべての部分に自信がないと思い込んでいる、ということがほとんどです。ですから、少しでも苦手意識を払拭させるために、合っているところは合っている、と伝えるのです。

苦手な問題は、具体物を使用して実際に操作をしながら学習を行うと、理解度が上がります。その後は、難易度を落とした問題から取り組むようにしてください。

また、自信が持てなかったり、失敗を恐れたり、ということとは、結果を恐れているということです。なぜ結果を恐れるかといえば、保護者の方が、お子さまの出した結果に、否定的な態度で接することがあるからでしょう。お子さまの頭の中で「何かする↓失敗する↓怒られる」という思考パターンが定着してしまっているのです。定着してしまったものを改善していくのは、至難の業です。

まずは、保護者の方自身で考え方を「失敗を恐れず、失敗から何かを学ぶ」という考え方に変えていきましょう。

結果がよくても、そして悪ければなおさら、お子さまを励ましてください。

受験前のアドバイス

試験直前に、ペーパー全体を嫌がるのは、問題が苦手だというほかに、何かの要因があるのではないでしょうか。例えば、問題を間違えると保護者の方から、ものすごい勢いで怒られるとか……。

このような場合、保護者の方に申し上げたいのは、怒ったからといって、苦手な問題ができるようになるわけではない、ということです。「一事が万事」とばかりに、ヒステリックになっている可能性もあります。そのような場合、まずは保護者の方の精神を安定させる必要があります。

特に理由もないのに学習を嫌がる場合は、問題の難易度を落として取り組むことをおすすめします。その理由は、お子さまに「できた」という実感を持たせるためです。自信がつけば、意欲もわくでしょう。そうしたら、同程度の難易度の問題をもう一度行います。それから、志望校の出題傾向に合わせた問題に、集中して取り組むというステップを踏むとよいでしょう。その際、保護者の方も入学試験は満点を取らなくても合格できる、と考えて、精神的な余裕を持ってください。

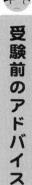

苦手分野は、あえてを対策せず、得意な分野に特化して取り組んで、自信をつけさせる方法もあります。

どの方法をとるにしても、保護者の方は、お子さまに「自信をつけて、やる気を起こさせる」ということ、それから、お子さまを「怒らない」こと、この二つを必ず守ってください。

A70・71

できないからと怒ってみても、問題ができるようにはなりません

Q72　苦手な問題にあうと自信をもって解答できません
Q73　苦手分野が多く、物の名前が出てきません
Q74　苦手な問題に時間がかかり、最後の方は嫌になってしまうことがあります

毎日のアドバイス

何か問題で引っかかると、それがささいなことであっても、その問題を苦手と思い込んでしまうことが、往々にしてあります。そんな時は、基本問題に戻って、いっしょに苦手と思った問題に取り組んでみましょう。苦手だと思うと、最初から考えることを放棄してしまいがちです。お子さまができそうな基本問題を、保護者の方はできない振りをして、お子さまが解いた時に「すごいね、びっくり。こういう問題は得意なんだね」と大げさに褒めて、苦手意識を消してください。

一気に苦手を克服するのは無理がありますから、一問一問ていねいに進めてください。

受験前のアドバイス

苦手な問題はどんな内容でしょうか。数量や図形など、具体物を利用すれば理解しやすくなる分野なら、基本問題から、具体物を使ってもう一度学習してみましょう。何度もやっていると、具体物をイメージしながら解答していけるようになります。

具体物を使って理解しにくい分野、例えば、記憶や常識なども、まず基本問題からやり直してください。できた時のお子さまへの対応は、大げさにしてください。お子さまに苦手分野の問題ができたことは、すごいことだと認識してもらうためです。

いずれにしても、基本に戻ることが、苦手分野克服の第一歩です。

A72・73・74

何度でも基本に立ち返りましょう

Q75 お話の記憶の問題で、数などの細かいところまで聞き取れていません
Q76 記憶力が弱いです

毎日のアドバイス

小学校受験に限った話でなく、お話を聞く力は、日々の生活の中で非常に重要です。

小学校受験では「お話の記憶」が出題されない学校はほとんどありません。これは小学校入学後の学校生活で、しっかり人の話を聞くことができるかどうか、そしてそれを理解することができるかどうかを観ているからです。

小学校受験で取り上げられるお話のほとんどは、登場人物の行動の描写が中心となります。「誰が」「いつ」「何をした」といったことは、言葉だけで記憶できるものではありません。お話の情景を頭の中に浮かべながら聞くことがポイントです。

最初は、お子さまが興味を示すようなお話を取り上げ、「お話を聞くことは、楽しいことなんだ」と思わせてあげましょう。

受験前のアドバイス

記憶力は一夜にして身に付くものではありません。日頃の読み聞かせの積み重ねを通して養われるものです。

「お話の記憶」が苦手であることの原因の一つとして、お話の情景を頭の中で描けない、ということが挙げられます。保護者の方はお話を最後まで一気に読むのではなく、短く区切り、「誰が」「いつ」「何をした」ということを、その都度、お子さまに確認しながら進めることをおすすめします。

毎回、自分の答えが間違っていると、お子さまは苦手意識を持ってしまいます。お話を短く区切ることで、お子さまの「わかった」を増やしてあげましょう。

また、お話を区切ることで、お話の中での場面転換を把握することができるようになります。長いお話では、登場人物の置かれた状況が変化する、というところを読み取らせることが多くなりますので、場面ごとの「誰が」「いつ」「何をした」ということを聞き取れなくてはなりません。お話を区切る際や、質問する際には、場面についても意識してください。

入試直前は、保護者の方の気持ちにも、余裕がなくなります。そんな時こそ、基本的な学習に立ち返り、いつもの学習を心がけましょう。これまで読み聞かせてきたお話のうち、お子さまが特に喜んだお話を選んで、復習してもよいですね。

A75・76

読み聞かせをしながら、「誰が」「いつ」「何をした」を問いかけましょう

Q77 ペーパー問題で自分の苦手なものが出るとやる気がなくなります

Q78 得意な分野と不得意な分野との差が目立ちます

Q79 得意分野と不得意分野とで取り組む態度が大きく違うのです

毎日のアドバイス

誰にでも苦手なことがあります。おそらく保護者の方にもあるでしょう。ご自分はどのようにして克服されましたか？　どのような嫌な思い出がありますか？　お子さまも今、同じような思いをされているのです。苦手分野の問題は、お子さまに考えることをやめさせ、アドバイスにも耳を貸せなくなるほどの脅威なのです。

ペーパー問題において、具体物の指導ができる問題は、楽しく具体物を使って学習しましょう。お勉強というイメージを与えないのがポイントです。

絵画については、自分自身や保護者の方を描いてみることも打開策の方法です。人間の陰影や微妙なバランスは、大人でも上手く描けません。完全な絵を要求しないで、思うように楽しみながら、熱心に描ければよいでしょう。上手に描く意識より「楽しく」ということを心がけてください。

音楽も同じです。音痴でも、下手でもよいではないですか。お子さまに完全を求めても仕方ありません。お子さまらしく、楽しく、一所懸命に歌えればよいのです。それ以上の要求は、今の段階では必要ありません。

記憶の問題は、お子さまの好きな物語を繰り返し読んで聞かせてください。そうすると、お子さまはその物語を暗記します。次に短いお話をして、その続きをお子さまに創作させます。そのお話を題材にしてお子さまが作問して、保護者の方が答えます。答えたときに、その答えが合っているのに、お子さまが間違っていると主張した時には、そのお話をもう一度読んでみましょう。お話の筋を記憶していなければ作問はできませんから、再度の読み聞かせは、記憶を呼び戻してストーリーを確認するよい機会になります。

見る記憶の問題には、通り過ぎる自動車の色や形を覚える記憶遊びなど、身近な事柄を利用しましょう。図鑑などで覚えるよりは季節を通して、実際に見て覚える方がよいでしょう。例えば、花屋で二種類程度の花を二本ほど買ってきて、お子さまに花瓶に花を挿させましょう。活ける時も活けた後も、花の名前をしっかり言って、上手く活けたことを褒めてください。雑草も同じように、お子さまに取ってこさせて、その名前を調べるなどして、興味を持たせるように努力をしてください。

どんなことでも苦手なことは苦手です。それを保護者の方が工夫しながら、興味を持たせることが、小学校受験での解決方法です。

お子さまが苦手になったのには、何かきっかけがあるはずです。それを保護者の方がよく理解して、お子さまに再度繰り返さないように配慮して、楽しくいっしょに学習する、そして、ちょっとしたことでもすぐに褒めて自信を持たせるようにしましょう。

受験前のアドバイス

音楽や絵画などは、上手くできなくても楽しく、まじめにできればそれで充分です。最後まで制作したことなどを褒めてください。

ほかの分野は基本に戻り、基本問題をしっかり理解させ、自信をつけることが先決です。その際、保護者の方は焦らず、ゆったりとした気持ちで対応してください。イライラするのは厳禁です。

A77・78・79
興味を持つこと、楽しむことが苦手克服のカギ
イライラ厳禁

Q80 わからないところになると、考える前に泣いてしまいます
Q81 できない問題があった時、急に集中力が落ちます

毎日のアドバイス

このような状況になったお子さまを目の前にした際、保護者の方の対応は、大きく二つのタイプに分けられると思います。一つは、どうしてよいかお手上げ状態になるタイプ。もう一つは、イライラして怒ってしまうタイプです。果たして、本書を手にしておられる保護者の方はいかがでしょうか？

どちらが正しくて、どちらが間違っている、という問題ではありません。こんな時は別の角度から考えて見ましょう。泣くか、泣かないかはお子さまの性格によりますが、これを、表現方法の一つとしてとらえるのです。

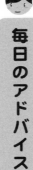

嫌なことを進んでするようなお子さまは極めてまれです。普通は、嫌なことを前にすると、やる気も集中力も一気に失せてしまうはずです。

こういった感情の動き、保護者の方にも思い当たる節はありませんか？　この問題に限らず、この種の悩みについては、「嫌いだからしない」ならば、「興味を持たせれば取り組むようになる」、「好きにさせる」ならば「得意にさせる」と、前向きな考え方に変えることが、解決への第一歩です。

お子さまの根っこの部分の意識を変えることで、少しずつ変化が起きるでしょう。怒っても、よい結果を招くことはありません。無駄なことに力を注ぐのではなく、気楽に、効率よく問題解決するために、意識変革をしましょう。

受験前のアドバイス

小学校受験で、泣くという行為は評価を大きく落とすことになります。実際の試験中に泣いて、周りに迷惑をかけるような場合は、退席を命じられることもあります。実際、泣いてしまっては試験にはなりません。ですから、問題がわからないからといって、泣くという行為は、何が何でもやめさせなければなりません。

お子さまは自分の思い通りにならなかった時にも泣いてしまうのではないでしょうか。これは明らかな甘えであり、直前での修正は難しいでしょう。それでも何か対策を、ということなら、「調子に乗せて」試験を迎えるようにすることでしょうか。「あなたならできる」「問題ができなくても構わない」という強気な姿勢で試験を乗り切るのです。

悔しい時に泣いてしまうお子さまの場合、「一〇〇点を取らなくてもよい。得意な分野でがんばろう」といったように、意識を違う方向に向ける言葉がけを試してください。

どちらにせよ、保護者の方は、結果に過度な期待を持たないことです。お子さまにとってははじめての経験なのですから、「できなくて当たり前。できたらたくさん褒める」というくらいに割り切ってください。お子さまの負担もかなり軽減されるはずです。

なお、集中力の低下についてのアドバイスは、次項をご参照ください。

A80・81
泣くことは、感情表現の一つ
ただし、試験本番ではNGです

Q82　どのようにしたらやる気が出ますか
Q83　集中力にムラがあり
できる時とできない時の差が大きいです
Q84　じっと座っていることができません

毎日のアドバイス

お子さまの集中力に関する悩みは、寄せられた中で最も多い内容でした。それだけ、多くの保護者の方が悩まれているということです。ですから、この問題で悩んでいる保護者の方は、自分だけの悩みごとだとは思わずに、受験生を持つ保護者の方に、共通の悩みであるととらえるようにしてください。少しは気が楽になるのではないでしょうか。

まず、集中力は急につく力ではありません。毎日コツコツと積み重ねた結果、得られる力であることを、忘れないでください。

次に、お子さまの集中力について、大人を基準にして時間や度合いを比較をしていませんか？　お子さまはまだ幼いですから、大人は比較対象になりません。

これが対策をとる前の、保護者の方の心構えです。以下に五つの対策をご紹介いたしますので、お子さまの傾向、性格に合わせてお試しください。

やる気にさせる対策

①ふだんのお子さまを思い出してください。勉強以外でどのような時に集中していますか？　日常生活において、集中しているものがないからといって、そのお子さまに集中力がない、というわけではありません。単純に、勉強が嫌なだけでしょう。そのような場合は、学習というより、知識を得ることに興味を持てる環境を作ることに力を注いでください。この時に大切なのは、保護者の方の言葉がけです。新たな発見や、できた喜びを重ねることで、お子さまは学ぶ楽しさを知ることができます

②ワンパターンな学習も、集中力を欠く原因となります。場所、方法、時間などを工夫することで、マンネリを防止できます。飽きのこない家庭学習を心がけましょう。また、学習のリズム・テンポも大切です。早すぎず遅すぎず、それでいて、テンポよく行うようにします

③大切なことは、集中できる環境を作ることです。気が散るような環境では、どんなにがんばっても集中力はつきません。例えば、お子さまの座る位置を工夫してみましょう。お子さまが座る場所から、いろいろなものが目に入らないように座らせれば——具体的には、保護者の方が何もない壁を背に座れば——よいのです。そうすれば、お子さまは保護者の方の後ろには壁しかありませんから、お子さまはキョロキョロしなくなり、集中力も失わずにすみます。

④始まりと終わりをはっきりさせ、メリハリをつけて、お子さまの意識を切り替えさせます。決まった場所で学習を始め、決まった場所で終わる。その時に、あいさつを必ずする、というルールを作ってもよいでしょう。家庭での学習を一連の

流れにして、習慣化させてしまうのです

⑤お子さまといっしょに学習計画を立てることも対策の一つです。立てた計画については、自分も参加して立てた計画だから、と言って、お子さまに守る約束をさせます。その計画を実行しているうちに、学習時間が延びた時は、○分に一枚、というふうに「ごほうびカード」をあげてください。五枚集まれば遊んでもらえる、というようなルールにすれば、お子さまにも張り合いが出るでしょう

A 82・83・84

子どもに大人のような集中力がないのは当たり前 五つの対策を試してみましょう

Q85　単純な数え間違いをなくしたいです

毎日のアドバイス

単純な数え間違いだからといって、軽く考えてはいけません。数え間違いは、多くの分野に影響を及ぼします。数えることには、「観察」する行為がともないます。数え忘れをしたり、重複して数えたりしてしまうお子さまの共通点は、観察する方向や方法に規則性がない、または、あっても正確ではない、ということです。

観察する方向や方法の規則性、ということには、間違い探しや、見る記憶の分野にも、つながるものがあります。防止する方法として、常に同じ方向から数える（見る）ことを徹底させましょう。そうすることで、数え忘れをしたり、重複して数えたり、といったミスが少なくなるはずです。

受験前のアドバイス

直前では、「この方法はダメ」と否定してはいけません。お子さまにはお子さまの考えがありますから、まず数える意図や目的を理解させましょう。

その上で、数える際にルールがあると間違えにくい、という経験をさせます。

例えば、夕食に出てくる唐揚げ。お皿に盛った唐揚げは、規則的には並んでいませんから、数える際には、混乱するでしょう。その後、一定のルールで数えれば、ただ漠然と数えるよりも間違えにくい、ということを体験させます。

そして、プリントをする時も、ルールに沿って数えると間違えにくい、ということを説明します。次にプリントに取り組む際には、「どうしたら間違えずに数えることができるんだっけ」と質問して、「唐揚げのルール」を思い出させます。

A85

数える際の方向性に目を向けましょう

Q86　家ではできているのに、テスト形式にするとミスが多いです

毎日のアドバイス

家以外の場所でミスが多いのは、緊張がそうさせるのか、競争意識から早く問題に答えようとする焦りからかの、いずれかでしょう。家では、精神的に競争意識もなく、ゆったりできるため、ミスも少ないのでしょう。

家で問題に向かう際には、時間を計っていますか？　基礎が終わり、応用にも慣れてきたら、時間を設定して解答するようにしてください。

ただし、わからない時には、時間がかかっても理解することに努めましょう。簡単なミスは、取れる点数も逃してしまうことに結びついてきます。じっくり考えて問題に当たるように指導してください。

あまり考えずにパッと解いてしまう、最後まで聞いていない、思い込みで判断する、集中していないなど、保護者の方が思い当たるケアレスミスの原因はたくさんあるでしょう。主な原因は、問いかけや観察を通じて必ず突き止め、改善していきましょう。

受験前のアドバイス

時間の許す限り、解いた問題の見直しをする習慣を付けてください。

間違った問題は、お子さま本人が間違えた原因を知らなければなりません。

例えば、単に「1」を「3」と書いて答えが間違った、ということだけでなく、思い込みの早とちりなのか、問題を聞かずに絵だけで判断をしてしまったのか。こうした原因を、お子さまが認識して改めない限り、側でいくら言っても効き目はありません。

A86 時間と正確さの双方を意識させましょう

Q87　指示をしっかり聞いていません

Q88　話を聞いていなかったり、キョロキョロしたりします

Q89　わかる問題だと説明を最後まで聞かずに解いてしまうため、指示を聞き間違えることが多いです

毎日のアドバイス

おそらくふだんの生活でも同じような傾向があるのでしょう。どのように注意をしていましたか？　今までも、指示を聞かないことを放置されていたのではないでしょうか。

そうでなければ、お子さまは、指示を聞かなかったことで、痛い思いをしたことがないのでしょう。保護者の方も、お子さまにそんな思いをさせないよう、気を配りすぎていたのではないですか？　そういった日々は、互いを甘やかすだけで、心の成長がありません。

まずは、コミュニケーションをとる、姿勢の基本から身に付けていきましょう。お子さまに、話を聞く時は目を見て話を最後まで聞くことを徹底させてください。また保護者の方が話す時は、お子さまの目の高さまで低い姿勢になって目を見るようにすれば、お子さまがしっかり聞いているか、そうでないかがわかります。

また、お子さまの話を聞く時も、同じようにして聞いてください。背中で聞く、何かをしながら聞く、という様子からは、お子さまは真剣に聞いてくれていない、と感じます。

受験前のアドバイス

問題集を解く時は、問題を読むのは一回だけにしましょう。二回も・三回も読まないで、一回で聞き取らせるようにしてください。また、短文を復唱することや、数字を逆唱させることも効果的です。

話を最後まで聞くことができない原因として、集中力が散漫であることも考えられますので、集中力を養うことも、併せて念頭に入れてください（集中力を養う方法については145ページをご参照ください）。

A 87・88・89

ふだんの生活を見直してください
問題を読むのは一回だけに

Q90　多く指示されると覚えられません

毎日のアドバイス

お子さまが、どの程度の時間集中していられるかを、見定めてください。そして、どの程度集中できるかがわかったら、その時間内に二つか三つの指示を与えましょう。これを二～三回続けます。

この時、きちんと覚えていたら褒めて、自信を持たせてください。次は、その時間内に三～四つの指示をしてください。できたらこれも四回くらい練習し、同じように褒めてあげてください。

次は二つの指示で、複雑な指示を出します。この時のために合格カードを作っておき、できた時はカードを渡します。全部できた時は一枚、「おめでとうカード」を渡します。

このような方法で、集中力とともに、集中していられる時間を伸ばす訓練をしましょう。お子さまの学習は、楽しく嫌がらずに取り組める方法を考えて、、数量や記憶、言語というように複合的に学べば、記憶力も自然と身に付いていきます。

受験前のアドバイス

「覚えられなかった」という苦手意識を消しましょう。

「あなたは覚えられると思う」と言い、お子さまが覚えられるぐらいの、数少ない指示を出してください。そして自信を持つような言葉をかけます。

直前で時間がありませんから、正確に指示を覚えることにウエイトを置きましょう。いくつかでも、覚えて解答できる方が賢明です。

A90 教え方を工夫すれば、できるようになります

Q91　何度も同じことを注意されます

毎日のアドバイス

子どもは、同じことを繰り返すことで、覚え、さまざまなことを身に付けていきます。

お子さまはなぜ注意されるのかがを理解していますか？　ダメ、やめなさい、の繰り返しでは、何度言っても同じです。注意した時は、なぜ言われるのかを、考えさせることが重要です。

また、言いっ放しで終わらないことも大切です。注意した理由を話し、理解させればやり直せることは、やり直しをさせましょう。

言葉のみの注意では、お子さまは成長しません。では、どのようにしたらよいのか、考えてみましょう。

例えば「〇時までに準備ができたら、お買いものの帰りに公園に行こうね」という約束をします。そして、約束を守れなかった場合には、公園には行きません。何回も注意することを控え、お子さまを、あえて困難な場面に出合わせることも必要です。

　別の方法として、注意する方法を変えてみること（「おもちゃを片付けないのは入らないのかな？」「もう、おもちゃには飽きたのかな」など）も一つの方法です。きっとお子さまは、「えっ」と思うはずです。「えっ」と思ったということは、第一段階は成功です。次は、同じ内容について、別の言い方を探してください（「そうだ、もったいないし、大事にしてくれないのなら、大事にして遊んでくれる人にあげちゃおう」など）。どうでしょう、耳を傾けてくれましたか？　ここで、第二段階は成功です。ここまで言えば耳を傾け、きっと何らかの反応を示してくるはずです。注意する回数は減っていくでしょう。保護者の方がご自分の感情を抑え、考え、工夫することは、お子さまとの根比べでもあります。

受験前のアドバイス

お子さまの話に耳を傾けてしっかり聞いてあげていますか？　お子さまに話を聞き

なさい、とご自分の話は聞かせる一方で、お子さまの話に上の空、というようでは、文句は言えません。

まずは、お子さまの話をしっかり聞き、受け止めてください。聞いてほしい、というサインを送っているのかもしれません。

試験が近いからといって、特例はありません。お子さまの話もしっかり聞くことで、お子さまも、自然に保護者の方の言うことをしっかり聞くようになるのです。お子さまの話を聞く時は、お子さまの顔を見て聞くようにして、背中で聞くようなことはなるべく避けましょう。真剣味が伝わりません。入試直前は特に、保護者の方は感情を抑えることに苦労されるでしょう。お互いにストレスが貯まり、イライラしていることから、言わなくてもよい一言が出てしまうのもこの頃です。直前の時期だからこそ、冷静さと穏やかさを失わないようにしてください。

A 91

お子さまへの言葉のかけ方を工夫してみましょう

Q 92　間違えるのを嫌がります

毎日のアドバイス

失敗や間違いを恐れる原因は、間違えることを「恥ずかしいこと」「いけないこと」「怖いこと」ととらえている、いわば「他者の目を気にしている」ことである場合が多いです。つまり、失敗に対する周囲の目が、大いに関係してくる問題です。

ご家庭でお子さまの解答を見ている時、「何でこんな問題もできないの？」と言うような言葉をかけてはいませんか？　または、怒鳴ったり、ため息をついたりと、お子さまを責めるような行動はしていませんか？　こうした言動が、お子さまを「間違いへの恐怖」に縛りつけているのかもしれません。できるだけ寛容になり、失敗した時は、失敗したことを責めるのではなく、チャレンジした行動そのものを褒めてください。

保護者の方に思い当たることがなければ、塾での、お友だちや先生のちょっとした言葉がこのような心情にさせたのかもしれません。保護者の方の目の届かない場所でのお子さまの様子を、周囲の方にお聞きになれば、参考になるでしょう。

受験前のアドバイス

間違いを恐れることは、お子さまにとってのストレスとなり、発達を妨げる要因となってしまいます。試験直前は、できるだけ心理的に圧迫したり、無理に知識を詰め込もうとしたりはせずに、お子さまが、できるだけ白紙に近い状態で試験に臨めるようにしてください。保護者の方が、楽しむくらいの気持ちで構えている方が、お子さまも失敗を恐れず、伸び伸びと取り組めるでしょう。

A92

「間違いへの恐怖」の原因を探し解消してあげましょう

Q93　自信を持てることでないと手を動かしません

Q94　すごく不安になってきているようです。失敗を恐れて緊張しています

Q95　言葉に詰まることがあります

毎日のアドバイス

結果を恐れるのは、塾や家庭での何か嫌な思いがトラウマになってるからではありませんか？　お子さまの頭の中で「何かする↓失敗する↓怒られる↓恥ずかしい」という思考パターンが定着していることが考えられます。定着してしまったことを改善していくには「失敗を恐れず、逆に失敗から何かを学ぶ」という考え方に変えていく必要があります。

自信をつけるには、まずやってみていろいろと失敗を重ね、成功する方法を見つけ

ることです。このステップを繰り返すことで、成功して自信がついていくのです。

自信が持てない、失敗を恐れるということは、結果を恐れているのでしょう。結果が悪ければなおさら、お子さまに、「間違えてよかったね。だって間違えたことでいろいろなことがお勉強できて、、賢くなるものね」と励ましていきましょう。実際に、間違えれば付加価値が付きます。保護者の方は教えることで学び、お子さまはどうしたら正解を導き出せるのかを考えることができます。

お子さまに、最初から自信のある人、失敗しない人、緊張しない人は誰もいない、ということを、毎日働いているお○○さん（おとうさん・おかあさん・おじいさん・おばあさん・おにいさん・おねえさん……）に、お話ししていただくのはいかがでしょうか。

「毎日仕事がたくさんあってできるかどうか不安だけど、とにかくしないといけない。自信がない、不安だと言って逃げるわけにはいかない。お仕事がんばるから、お勉強をがんばってほしい。お互いにがんばろう、約束しよう」のというような内容を、二人で話し合ってもらえばよいと思います。ぜひ試してみてください。お子さまも、真剣に、そして重く受け止めてくれるのではないでしょうか。

受験前のアドバイス

お子さまに「自信がない」「不安」という態度を見せられると、「しっかりしなさい」と言いたくなるのはわかります。しかし、試験が間近なら、そういった抽象的な言葉ではなく、「～をしっかり準備したのだから大丈夫」と、具体的な励ましをした方がよいでしょう。具体的な言葉にはこれまでの努力をお子さまに思い出させる力があります。

保護者の方の失敗談などを話してみることは、不安を取り除くのに、恰好の話でしょう。「一所懸命に考え、してみて間違えたら、今度はいっしょにやってみようね」と伝え、間違えた時への不安を感じさせないように、「誰でも失敗はするんだ」ということを、話してわからせてください。

また、言葉に詰まるということですが、これは直そうとするとさらに悪化する場合もあるようです。小学校受験で大切なのは、滑らかに話すことではありません。面接にしろ、行動観察の問題にしろ、積極的にコミュニケーションをとろうとする姿勢が評価されるのです。相手を怖がらないようにすることです。

このような時こそ、記憶の学習を兼ねて読み聞かせをしてみてはいかがでしょう。

おすすめするのは「エジソン」「野口英世」「ライト兄弟」などです。多くの失敗を繰り返し、偉大な発明をした偉人たちの話を読み聞かせてあげるのです。そして、失敗の繰り返しは決して悪いことではない、悪いのは、できないと諦めてしまうことだ、という意識の種をお子さまの心の中に蒔きましょう。そしてお子さまががんばった時に、「がんばりの芽」が出てきてるね、などと、声かけをしてあげましょう。読み聞かせは記憶などの学習にも通じますし、多くの学習にも影響します。

A 93・94・95

実体験や、実在の人物の話から間違ることの大切さを教えましょう

Q96　子どもが緊張してしまい
すべてを出しきれないのではないか心配です

Q97　緊張するタイプなので
試験当日、精神面において
いつもの力を出せるか心配です

毎日のアドバイス

入試当日に緊張をしない、というお子さまの方が珍しいかと思います。そのようなことを気にするのではなく、お子さまをどうしたらリラックスした状態で送り出せるかを考えた方が、より健全です。

当日、気後れしないように、何か魔法の言葉や儀式のようなものを、ふだんから取り入れてみてはいかがでしょうか。もちろん本格的なものでなく、それを言ったりしたりすればお子さまが笑ってしまう、というものを探しておくのです。

派手なポーズは避けなければなりませんが、何かに取り組む前にはそのポーズをしてから物事を行うことで、気持ちの切り替えもできる、という意識を作っていくことができます。

受験前のアドバイス

呪文を唱えるのは、よい方法かも知れません。

一流のスポーツ選手にも、ルーティンとして、本番前に密かに唱える自分なりの言葉、ここでいう「呪文」を口ずさむ方は少なからずいるようですから、効果はあるものと考えられます。お子さまのために名呪文をお考えになって、実行されることをおすすめします。

「今日、聞いたんだけど、試験の前に○○をすると、緊張しないんだって。明日、試してみようか」と、誰かからよい方法を聞いた、と前置きして、何でもよいですからポーズをしたり、同じ言葉を繰り返したりしてみてください。その時のポーズや言葉は、お子さまが知っているものではいけません。「あっ、それ知っているけど違うよ」と言われてしまったら、台なしです。

ただし、この方法は、やり直しがききませんので、ポーズや言葉は慎重に選んでください。

A96・97

魔法の呪文を考えましょう

Q98　家庭学習をしている際、時間を計ると気持ちが焦ってしまいます

毎日のアドバイス

家庭学習をする際、保護者の方が、「時間内にどれくらい答えられたか」などの結果にこだわりすぎた学習をしていませんか？　最初は時間を意識せずに取り組むようにしてみましょう。時間を計るにしても、お子さまにはわからないように、保護者の方が密かに計測し、進捗度を観ることをおすすめします。学習が進むにつれ、時間は自然と短くなっていきます。

どうしても時間を計って取り組まなければならない場合も、「いつも通りでいいからね」と一声かけ、「時間内にできなければいけない」というプレッシャーを与えないように心がけてください。結果にとらわれず、大らかに構えましょう。

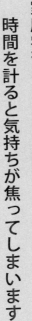

受験前のアドバイス

「時間内にできなければいけない」「よい点を取らなければいけない」という、意識の連鎖があるのだと思います。

入学試験ですから、よい点数を取らなければ合格できないのはわかります。しかし、合格するために満点を取らなければならないということはありません。筆者は多くの学校を取材しておりますが、満点でないと合格しない、という学校は滅多にありません。これは、間違えても大丈夫だ、ということです。そのように考え、気持ちを楽にして臨めるようにすることの方が、学習の効果は上がります。

A98

お子さまが時間にとらわれないよう留意することが大切です

Q99　テストになると緊張して実力が発揮できません

毎日のアドバイス

この悩みは、特別なものではありません。皆さんも、このような経験があったのではないでしょうか？　高校受験の時や大学受験の時、もしくはそのための模擬試験などでは、試験をする前から、結果を気にして緊張したのではないでしょうか。

お子さまは、まだ幼稚園（保育園）生です。経験も少ない子どもです。そう考えたら、テストで緊張するのは当たり前です。

実際の入学試験は、はじめての場所で、はじめての人の中で行われます。どのお子さまも必ず緊張しますから、その意味で入試は公平です。

しかし、テストとは別に、学習進捗度はきちんと把握してください。模擬テストなどで、間違えた問題の理由が、緊張によるものか、わからなかったものかを把握しなければ、ふだんの学習計画に大きな影響を及ぼします。

実際の試験においても、予測不可能なトラブルが起きることはあります。受験まで毎日、予測できないことまで心配していは、保護者の方の心身が持ちません。

実際「なるようにしかならない」こともあります。この時期、保護者の方はもっと大きな心で構えていてもよいでしょう。

この時期は、テストのことを考えるより、今、この時期に何を指導すればよいのか、お子さまはどのようなことを身に付ければよいのかを考えてください。しっかりと身に付けることで自信が持てます。そうなれば、テスト時の緊張も緩和されてきます。

受験前のアドバイス

さすがに、入学試験前ともなると焦りますね。どのご家庭も同様です。しかし、そこで保護者の方がバタバタしてしまっては、お子さまにまで、その焦りが伝染してしまいます。

「何心配しているの？　大丈夫よ」「そんなこと気にしていたんだ。一所懸命にがんばればそれでいいんだよ。そんな小さなことは気にしないで」というような趣旨の言葉がけをしてください。

そして、手作りのお守りを作ってあげてはいかがでしょうか。首からぶら下げる程度の、運動テストで邪魔にならないもので結構です。邪魔になりそうだったら、ハンカチに刺繍をしてあげてください。渡す時には「私からのお守りよ。こういうことをすると緊張しないんだって」と言葉がけをして送り出してあげてください。

「お○○さんはいつもいっしょだよ」という気持ちを伝えることで、心のよりどころができ安心して入学試験に臨めるのではないでしょうか。

ここにご紹介した方法以外にも、さまざまな方法があると思います。お子さまに合った方法をお試しください。

A99 緊張するのは当然ですから大きな心で構えましょう

Q100 一つのことをしていても、ほかのことに気が移ってしまいます

Q101 集中力が分散して、無駄な時間を過ごしてしまい、予定通りに計画が進みません

Q102 注意力が散漫で、落ち着きがありません

毎日のアドバイス

好奇心旺盛なお子さまではないでしょうか。一つのことをしていても、それ一本に集中できないのでしょう。

好奇心旺盛なことはよいのですが、集中力が持続しなければ、しっかり問題を理解できているかが気になります。学習をする時の環境を考え直してみましょう。気が散

らないように、なるべくものがないような場所で問題を解く、時間を変えてみる（遊んだ後、遊ぶ前、朝の時間など）、学習の相手を変えてみる（お子さまが会うと緊張する方など）。このように環境を変えることを試してみて、どれだけの時間を集中していられたか、状況と時間を見て、よかった場所や時間を選ぶのも、一つの方法です。

気になっていることがほかにあったりしたとしても、今やっていることは何か、今は何をやらなければならないのかを自覚できることが大事です。今はこれをやっているから真剣にやらなければならない、ほかのことを考えるのは後にする、という考えができるよう、しっかりと定着させましょう。

受験前のアドバイス

一生に何度もない入学試験が日に日に迫ってくるこの時期に、六歳のお子さまは無意識のうちにプレッシャーからくるストレスを抱えているはずです。それが落ち着きを失わせているのでしょう。この時期にこのような様子が見られるのであれば、受験勉強のプレッシャーが、無意識に勉強以外のことへの道筋を作り、気を紛らわせているのかもしれません。気が詰まるストレスを解消させれば、元のようにに集中できるようになるかもしれません。発散の方法を考えていきましょう。

また、世間では小学校の入学試験は「親の試験」だと言われています。誠に言い得て妙な例えだと思います。お子さまの態度をよく観察してください。お子さまは鏡のようなもので、保護者の方自身の影がしっかりと映っているはずです。

この時期になったら、保護者の方がどっしり構え、過剰な特訓は避けられた方がよいでしょう。これまでやってきた学習量を自信に変え、基礎的な問題の復習、そして志望校の過去問題でよく傾向を把握しておくのがよいかと思います。

お子さまが学習した量を目に見える形にしてあげることもおすすめします。ペーパーテストであれば、学習したプリントを毎日積み上げていくのです。積み上がっていくプリントは、お子さまの自信になるとともに、「もっと高くするぞ」という学習意欲をかき立てる原動力になります。

A100・101・102

子は親の鏡です

Q103　諦めが早く、解けないと思うと考えようとしません

Q104　わからないと粘り強く考えないで、すぐに諦めてしまいます

Q105　プリントをすることに対して「飽きてきた」と言って解こうとしません

毎日のアドバイス

このような場合の理由として代表的なものは、学習がワンパターンになっている、問題自体がわからない、などです。

保護者の方の役目の一つに、飽きさせずに学習をさせることがあります。保護者の方のアイデアの引き出しはどれくらいありますか？　小学校の受験は、生活そのもの

が学習です。生活を通して目にしたもの、感じたこと、体験したことなどが、ペーパーや口頭試問という形式で問われます。現在、お子さまはどれくらいの体験を積んでいますか？　最近、どんな体験や発見をしましたか？　まずは、基礎の定着に力を入れ、苦手意識を払拭することに努めてください。

また、学習する順番、パターン、場所を変えるだけでも変化が見られます。繰り返しも大切であり、必要なことですが、できていないことを繰り返しても効果はありません。この手がダメならあの手、というように、いろいろと方法を変えてがんばってください。その際、大切なのは学習を始める前に言い聞かせてから行うようにすることです。

日頃、お子さまに問題を考えさせずに、保護者の方がすぐに答えを出してしまっていることも原因かと考えられます。あるいはお子さまは、考えることに不慣れなのかもしれません。答えは決まっていたとしても、常にその答えに行き着く過程を大事にしていれば、お子さまもさまざまなことに興味を持ち、考えたり、想像したりして、答えがわかった時の面白さを知るでしょう。

思考するくせを付けるには、ふだんから考えさせるような言葉がけを行えばよいのです。「何で？」「どうして？」という言葉を使って、「どう思う？」「いっしょに調べようか」と、答えを見つけるまでの過程を楽しむことで、自ずと考える習慣が付いてくるでしょう。

諦めずに粘り強く取り組ませるには、ご褒美を用意すると、やる気や粘り強さを磨くことができるとともに、持続性も付きます。ご褒美を効果的に使うことで、短時間から時間を延ばし、負担にならないように訓練していくこともできるでしょう。

受験前のアドバイス

試験が近づいた、この状態は、学習そのものに飽きているというより、保護者の方と学習することに嫌気がさしているのでしょう。お子さまの頭の中に、「できない＝怒られる」という図式ができてしまい、問題を解くことよりも、怒られることの方が意識に強く作用します。そして、学習に身が入らなくなるのです。

改善のポイントとしては、学習時に笑顔を絶やさない、子どものできないことよりも、できるようになったことに意識を向けて声に出して褒めるなど、保護者の方の意識を変えてください。それだけでもお子さまに変化が見られるはずです。

試験は一〇〇点でなくても合格できます。ですから、苦手な問題が一問くらいあってもいい、という気持ちで学習に臨んでください。また、考えるくせはクイズ形式の口頭試問で練習するとよいでしょう。答えた後、「それはどうして？」と問いかけることで、思考するくせが付きます。

試験の時は短い時間で区切られ、解答時間はどんどん過ぎていきます。試験直前であれば、わからない問題を目の前にしたら、諦めて次の問題にチャレンジする、という気持ちを持った方がよい場合もあります。

やる気やねばり強さは、一朝一夕には身に付けられません。直前でこのような悩みに直面したら、「わからない時は、次！」というぐらいの気楽さでいましょう。

A103・104・105

マンネリを防ぐためにも思考するくせを付けてください

Q106　問題をすぐに投げ出すことが多くなりました

毎日のアドバイス

どのような勉強方法を行っていますか？　勉強する時は集中して真剣にやるのはもちろんですが、学習に対して、お子さまが前向きになれるかどうかも重要です

このお悩みは、学習に前向きになれないお子さまの、形を変えた反抗でしょう。苦痛だけの勉強に抵抗するために、投げ出したのですしょう。なぜなのかは、お子さまの気持ちになって考えてみれば、よく理解できると思います。そしてなぜ投げ出すかがわかれば、打つ手は考えられます。

まず、スケジュールがこの年齢のお子さまにとって過重な負担になっていないかどうかを見直してみましょう。気の抜ける自由な時間、遊びの時間がありますか？

そのほかに考えられることは、学習の方法です。しいるのは保護者の方、しいられているのはお子さまです。真剣であっても、楽しく取り組める環境でしょうか。見直してみてください。お子さまはまだ、一人で環境を改善していける年齢ではありません。「すぐに問題を投げ出すことが多くなった」と気付いたら、しめたものです。アドバイスをご参考に、ぜひ環境を変えてあげてください。

受験前のアドバイス

直前になって投げ出すのは、やはり何かに対しての反抗でしょう。毎日の学習に耐えられなくなってきているのか、お子さまの目的意識がないのか、問題がわからないのかを、確認してみましょう。

学習のやり方がマンネリ化しているのなら、雰囲気を変えて学習していく方法を考えましょう。本来、お子さまは保護者の方といっしょに何かをすることが大好きです。お子さまといっしょに問題を解いてみることも打開策の一つかもしれません。

問題がわからないことが原因であれば、基本問題からいっしょに指導していきましょう。直前だからこそ、基礎的な問題に立ち返ることは重要です。

そして、お子さまに対する声のかけ方、話している内容などを振り返ってください。もし、保護者の方がお子さまの立場でしたら、現在の生活に抵抗されませんか？　受験勉強を通して、保護者とお子さまの絆を深く、あの時は楽しかったね、と思うような過ごし方を考えてください。

目的意識がなく投げ出すのであれば、なぜ、このような学習をしているのかを、しっかり納得させてください。

入試直前になると、このような状況について、よく耳にします。時には、お子さまと思いきり遊ぶことで、不満、ストレスを解消しましょう。気持ちが軽くなれば、また違った雰囲気を作れると思います。

入学試験は家族のありかた、感性、躾、性格、親子関係などを含めて観察されます。大事なのは知識だけではありません。今という時を大切にしましょう。

A 106 物理的にも心理的にも お子さまの学習環境を再考しましょう

Q107　わからない時、つい、声を荒らげてしまいます

毎日のアドバイス

声を荒らげた後、ご自身は後悔なさいませんでしたか？　声を荒らげた日の夜、お子さまの寝顔をご覧になってください。まだ腹が立ちますか？　怒らなければよかった、かわいそうなことをしたな、とは思いませんか？

今度声を荒らげたくなった時、お子さまの寝顔を思い出してください。声を荒らげて解答させようとしても、落ち込むか、反発してうまくいかないことが多いでしょう。声を荒らげて学習させたところで、できるのはお互いの心の傷だけです。

昨日わかっていた問題が、今日できるとは限りません。わからないことがたくさんあります。昨日わかっていたのは、心ここにあらずのまぐれ当たりかもしれません。

今日わからなかったのは、体調が優れなかったからなのかもしれません。真剣に勉

強していても、飲み込めていなかったからかもしれません。大人でもそのようなことはたくさんありますよね。

もっと大らかになりましょう。お子さまができない時は、できるまで待ちましょう。声を荒らげたくなった時は、勉強をやめておやつの時間にして、その場の雰囲気を変えましょう。気持ちが静まります。今のうちにその荒らげた声を優しい穏やかな声や言葉にしていかないと、学習そのものが嫌になってしまいます。

もう一つの方法は、その問題を後回しにして、ほかの問題に手を付けることです。

これらの方法は、あくまで保護者の方の感情を切り替えることができればの話です。お子さまにとっては、保護者の方の笑顔が、何よりの妙薬です。

受験前のアドバイス

あなたがわからない時に、誰かから声を荒らげられたらどう思いますか？　今、その真ん中にいるのが小さいお子さまです。小さい体で一身にそれを受けているのです。お子さまの心に傷をつけてまで受験させるメリットは何でしょうか。デメリットしかありません。今までやってきたことが水の泡になってしまいます。

受験をさせたいのであれば、保護者の方の考えを、そしてイメージを変えていく必要があります。小学校受験の合否はお子さまの頭脳だけで決まるわけではありません。ご家庭の教育方針やお子さまと保護者の方の関係もを観察されます。このようなことが続けば、学校側にも、関係がよくない、ということがわかってしまいます。直前でも、わかるまで待つ、というぐらいの腹の太さを持って指導に当たってください。保護者の方の思いは、必ず伝わります。それができないのであれば受験を考え直しましょう。

声を荒らげたくなった時に、鏡に向かってご自分の顔をご覧になってください。鬼になって見えた時、女性の方であれば、きれいにメイクをし直しましょう。男性の方であれば、顔でも洗ってさっぱりとしてください。お子さまにも、「おやっ」と思う心が芽生え、気持ちの切り替えの一助になるかもしれません。

A 107

受験はお子さまのためにするものだということをもう一度、考えてみましょう

あとがき

最後までお読みいただき、ありがとうございました。

本書では、主に学習面について寄せられた悩みについて集めました。就学前の教育の重要性については、近年よく取り沙汰されるようになってきました。主には、非認知型能力という、テストで測ることのできない能力が重要だ、ということです。日本には「三つ子の魂百まで」という言葉がありますね。

小学校入試では、もちろんペーパーテストも行われますが、家庭で、どのような教育がなされてきたか、ということを重視しています。これには、大きく二つの意味があります。まずは、お子さまについて。小学校に入ってから、またその先に学習を行っていく素地が、お子さまにあるかどうか、ということです。次に、保護者について。学習を続けていく中でお子さまが壁にぶつかった時に、保護者の方がそれをフォローすることができるかどうか、ということです。

小学校受験は親の入試、ということが、よく言われます。誤解されることも多いのですが、保護者が熱心にお勉強をさせたか、ということではありません。また、保護者の社会的地位や経済状態が問われるわけでもありません。重要なのは、保護者の方とお子さまとが、親密であり、ともに学ぶ姿勢ができているか、ということです。本書では、学習することが、保護者の方とお子さまが「教える―教わる」という一方的な図式にならないことを強調しています。少し耳の痛いお話もあったかと思いますが、どうかご容赦ください。

生活をどのように学習につなげていくか、ということで、本書は「生活編」へと続きます。「生活即学習」を実現するために、併せてお読みいただけますよう、お願いいたします。

では『ズバリ解決！　お助けハンドブック～生活編～』でお目にかかりましょう。

後藤 耕一朗（ごとう・こういちろう）

1970年生まれ　千葉県松戸市出身。
児童書の出版社を経て、1996年日本学習図書に入社。2012年から同社代表取締役社長。出版事業の経営の他にも、関西私立小学校展の企画や運営、東京私立小学校展の開催協力、関西最大の模擬テスト「小学校受験標準テスト」の企画と解説を担当。全国各地での講演活動のほか、私立小学校設立の協力、国立・私立小学校の入学試験への協力と指導、教員への研修、学校運営への協力などのコンサルタント活動も行っている。本書は保護者のてびき①『子どもの「できない」は親のせい？』に続くシリーズ２冊目となる。

保護者のてびき②
ズバリ解決！ お助けハンドブック
――学習編――

2020年5月21日　初版第1刷発行
著　者　後藤 耕一朗
発行者　後藤 耕一朗
発行所　日本学習図書株式会社

印刷所　株式会社厚徳社
ISBN978-4-7761-1059-0

新 小学校受験の 入試面接 Q＆A

面接対策の決定版！

過去10数年に遡り、入試面接での
質問内容を完全網羅！
質問に対する模範解答例やアドバイス
を豊富に掲載しています。

○国立・私立
　小学校別
○父親・母親
　・子ども別

小学校受験で 知っておくべき125のこと

家庭学習の問題解決に役立つ！

○学習、性格、
　躾、健康 etc
○様々な125の
　項目別

保護者の方々からの125の質問に
ていねいに解答します！

新 小学校受験 願書・アンケート文例集500

願書・アンケートの作成も安心！

質問別に豊富な文例を掲載。
合格を勝ち取るプロの的確な
アドバイスが満載です！

文章指南書付き

○質問項目別
○国立・私立
　小学校別

すべてＡ５判　定価（本体2,600円＋税）